現代イギリス小売流通の研究

―消費者の世帯構造変化と大規模小売業者の市場行動―

金　度渕
DOYUN KIM

同文舘出版

はしがき

　近年，われわれの食生活はますます多様化しつつある。それはたとえば，これまでの家族そろっての食事が主要であった状況が変化し，食べたい時に食べたい場所で好きなものを食べるといった食事形態へ変化してきたことを含んでいる。多くの要因のなかでそれを可能にせしめたものは，グローバルな食材の入手の容易さや，加工食品などにみられる食品の大量生産などであった。あらゆる国で生産された農産物や加工食品を消費することが，豊かな生活の象徴であるかのようにも言われた時さえあった。

　ところが，そのような食事形態の変化は，家族そろっての食事を崩壊させ，食材を調理する手間が省かれたことによる料理下手な主婦（夫）も増大させ，強いては栄養学的な観点からしても不健康な食事を増やし，現代人に多くの影響をもたらしていることも周知のとおりである。われわれの食事形態はいつから変化し，今日に至っているのか。また，そのことは何によって変化し，何らかの法則性があり，多くの国において同様の傾向が生じているのか。このことが筆者にとっての大きな問題意識である。

　本書で対象としているイギリスの食品小売業は，今日においては物流，製品開発などの面において世界最先端の技術をもつ。これまでの論理では，商人である小売業者は，消費者の必要であろう商品やサービス

を品揃えすることでニーズを満たし，人々のあらゆる生活を支えてきた。

しかし，第2次世界大戦後の復興期を経て，高度成長を経験した先進主要国では，モノや食料のあまりが生じるようになり，売れ残ってしまう事態さえ起きた。その結果，関連する企業の成長を鈍らせていった。このことは食品業界においても同様で，新しく，利便性の高い食品が登場すると，それまで食されていた食品の購入を拒む現象さえ生じた。そのため企業は，まったく新しいものを作り上げるといった技術革新よりも，すでに存在する商品の質を高める技術革新にウェイトをおくようになったと考えられる。

また，それまで販売活動に徹していたはずの小売業者らは，規模拡大に伴った資本力を駆使し，納入業者や関係業者を手中に収めるまでに至り，自らが生産活動への関与の場面を増やし，小売ブランド商品（一般的には「PB商品」と称されているが，イギリスの研究であるので，本書を通じては「小売ブランド商品」と表記する）の生産を拡大しつつあるのが現状であるといえよう。

このことはわれわれの食生活に対しても，小売業者らの影響力が拡大したことを意味しており，すなわち，食生活への規定性を高めつつあるようにも思える。規定性に関する主な内容は，次のとおりである。

1. 企業の生産活動が人々の消費行動を規定しているように，昨今の小売業による生産活動への関与の増大は，ますます消費者への影響力を高めていく要因として作用する。比較的安価な小売ブランド商品を，メーカーブランド商品と並べて店頭に陳列することによって，

小売ブランド商品の購買を促していることが例としてあげられよう。
2. とりわけ，1980年代は，先進主要国において多くの新しい商品やサービスが誕生した時期であった。真新しく，ものめずらしい食品，たとえば，東洋人にとって身近に欧米食材に接することができる機会が，食品スーパーだけでなく，ファスト・フード店やファミリーレストランによっても増えることになった。さらには，サービス業を通じてさまざまな欧米型の消費生活にも触れる機会が増えていった。そのことは当たり前に，いつの間にかわれわれの生活の一部と化していき，多様な意味での「グルメ」を形成していくこととなった。
3. 食品の生産技術の進歩とともに，モータリゼーションの進展，電子レンジや冷凍冷蔵庫の普及といった，いわば，消費者環境が大きく変化した。しかし，このような技術進歩に伴い，たとえば，保存期間が比較的長い冷凍食品などの食品を大量に買うことによって，買い物の頻度が徐々に減るようになったり，または，ファスト・フード店を多用する生活が普遍的になることが影響し，いわゆる伝統的な食生活からの離脱が進むようになった。このことは一方では，「ジャンク・フード（junk food）」にみられるような栄養が偏った食材の消費の増大をもたらすようになり，人々の健康に対する意識を変化させてきた。
4. 1980年代以降，世界各国では物価の上昇や経済不安が続いてきた。また，雇用不安や失業率の増大は，われわれの生活を脅かす要因として作用している。これらを背景に，社会制度の変化や女性に対する社会的偏見が徐々に変わり，女性の社会進出が進むことによって

共働きの割合が増えていった。このような女性の積極的な労働への参加は，それを促す多くの要因が伴って進展した。しかしながら，どちらか一方が家事をすることなく共働きが増えていくと，調理の簡単な食材への依存を高めてそれらを食品スーパーで買うことになったり，外の店で食事を済ますことで家族構成員がばらばらな食生活を行なうようになったりと，結果的に一家団欒の食生活を崩壊させてきたきらいがある。いわば，「家族」や「世帯」という概念そのものが，変化を余儀なくされたのである。

このように，われわれの食生活の変化は，食品を提供する側からの影響を多く受けるようになってきたと考えている。これらが筆者の問題意識となるわけだが，当然，これらすべてを研究対象とすることは筆者の能力をはるかに超えている。本書では，あくまでもこのような問題意識を背景に，イギリスの食品小売業者がどのような形で食生活に影響をもたらし，食料消費を変えてきたのかを明らかにするものである。

学部の恩師である小原博教授（拓殖大学）には，出版社（同文舘出版）をご紹介いただき，未熟な筆者に出版というチャンスをくださった。学部当時は，小原先生のゼミを通じて勉学の「面白さ」を教わった。楽しくも，厳しい小原先生のゼミの時間を通じて流通・マーケティングを学ぶことができたこと，大学院進学も含め，筆者が勉強を続けるためのきっかけをくださった。心より御礼を申し上げたい。

そもそも本書（補論を除く）は，中央大学に申請した「博士学位申請論文」をもとに，修正・加筆を行なったものである。多くの課題を残し

たままであることを深く反省しているが，ここに至る道中においては，たくさんの方々のご指導があった。

　中央大学大学院入学からこれまでに，筆者の研究の基本から核心までをご指導してくださったのが，師・前田重朗名誉教授（元・中央大学）である。イギリスの流通を研究されていた前田先生には，主にイギリス文献の邦訳を通じたご指導をいただき，勉学の「深さ」を教わった。イギリスの流通に関する勉強を続けるなかで，のちに「消費」に関する研究を筆者に進めてくださり，筆者の現在の研究スタンスとなっている。また，日本流通学会をはじめ，イギリス流通研究会など，専門家が集う各研究会への参加を進めてくださり，研究会を通じて勉学を深めていくチャンスもいただいた。感謝してもしきれない気持ちである。

　前田先生は，筆者が博士課程3年目の年には，ご定年を迎えられた。その年から筆者を鍛えてくださったのは，木立真直教授（中央大学）であった。もともと，筆者にとっては副指導教授のような恩師であった。大学時分に覚えた勉学の面白さが深まり，自身の研究をどういった方向性で進めるべきかを真剣に熟慮していたころであったが，韓国国民の義務である「兵役」のため，筆者は翌年から2年間，休学をすることとなった。そのため，ご迷惑をおかけすることになったのは言うまでもなく，復学してもまだ自分の立ち位置さえわかっていなかった筆者を，また，研究の方向性さえも不明確になっていた筆者を，厳しく，そしてご自分のことのようにご指導をしてくださった。勉学の「厳しさ」を叩き込んでくれた恩師であり，研究者としてのあるべき姿勢をご指導いただいた。そのような厳しさがなければ，学位の習得はおろか，ここまで単著としてまとめることはかなわなかったと考えている。心より御礼を申

し上げたい。

　中央大学における学位申請においては，多くの先生方にご指導をいただいた。審査時の委員長であった三浦俊彦先生には，論文の内容に関するご指導ばかりでなく，日本商業学会関東部会を通じて，多くのご指導をいただいた。そして，副査であった塩見英治先生には，物流戦略の内容や統計資料に関連した多くのご指導をいただいた。また，副査であった斯波照雄先生には，論文の体裁など，根本的なご指導をいただいただけでなく，ご多忙ななかでご自宅にて論文のご指導をしてくださり，勉学の「繊細さ」を教えてくださった。さらに，副査であった佐久間英俊先生には，修士課程時分より，勉学の「方法論」について昼夜を問わずご指導をいただき，公私にわたって厳しくしていただいた。先生方には謹んで感謝を申し上げたい。

　また，筆者が大学院在学中に，筆者の問題意識に関するご教示をくださったのが，辰馬信男先生（元・中央大学）であった。論文に対して分析する力を鍛えてくださり，歴史研究の「重み」をご指導してくださった。心より感謝を申し上げたい。

　しかし，多くの先生方から受けた貴重な学恩にもかかわらず，この研究成果においてはそのご指導のすべてを出し得ることが，筆者の能力不足でかなわなかった。ひとえに筆者の未熟さゆえの結果である。その点，深くお詫びを申し上げたい。

　これまでの研究生活を振り返ると，筆者の所属する日本流通学会において，多くの先生方にご指導をいただいた。
　前会長の大石芳裕先生（明治大学）には，同学会だけでなく，グロー

バル・マーケティング研究会などにおいてもお世話になり，研究者として「続けること」の重要性を教えてくださった。また，番場博之先生（駒澤大学）には，筆者が日本流通学会に初めて参加した当初から研究や資料に関するアドバイスをしていただき，イギリス流通研究会などにおいてもご教示を多くいただきながら，公私ともにお世話になった。そして，江上哲先生（日本大学）には，同学会でも大変にお世話になったが，その他，いくつもの調査に筆者をよんでいただき，ご教示をいただく機会を得ることができた。

さらに，同学会においては（以下，五十音順），宇野史郎先生（熊本学園大学），大吹勝男先生（駒澤大学），小沢道紀先生（立命館大学），小野雅之先生（神戸大学），樫原正澄先生（関西大学），木下明浩先生（立命館大学），齋藤雅通先生（立命館大学），坂爪浩史先生（北海道大学），佐々木悟先生（旭川大学），佐々木保幸先生（関西大学），野見山敏雄先生（東京農工大学），馬場雅昭先生（元・阪南大学），福田敦先生（関東学院大学），細川允史先生（元・酪農学園大学），宮内拓智先生（成美大学）に大変にお世話になった。

イギリス流通研究会においては，岩下弘名誉教授（元・駒澤大学），岩間信之先生（茨城キリスト教大学），薄井和夫先生（埼玉大学），戸田裕美子先生（日本大学），友松憲彦先生（駒澤大学），野崎俊一先生（日本総合研究所），道重一郎先生（東洋大学）に大変にお世話になり，イギリスの流通に関して無知に近い筆者に多くのご教示をくださった。

筆者が所属する中央大学企業研究所研究チームにおいては，久保知一先生（中央大学），菅原陽心先生（新潟大学），福田豊先生（電気通信大学，日本流通学会副会長），松尾秀雄先生（名城大学，日本流通学会会長），

八幡一秀先生（中央大学），そして，山口重克名誉教授（東京大学）に大変にお世話になり，研究調査合宿や公開研究会などを通じて，貴重なご指導やご教示をいただくことができた。

　マーケティング史研究会においても，多くの方々にご教示をいただいたが，特に，論文や研究報告に関連し，堀越比呂志先生（慶応義塾大学）にご指導をいただいた。

　筆者が奉職している大阪商業大学においても，多くの先生方のご支援とご教示をいただいた。とりわけ，西村多嘉子先生（日本流通学会副会長）には，大学院時分には論文のご指導をいただく機会もあったが，着任後にも，公私にわたって多くのご配慮をいただいた。また，南方建明先生には，日本消費経済学会や日本商業施設学会を通じてお世話になり，校務に関連したご指導ばかりでなく，論文や研究報告に関するご教示もいただいた。

　同世代というべきか，若手同士で互いに刺激をしあったのは，李東勲（石巻専修大学），井上真里（日本大学），井上善美（諏訪東京理科大学），河田賢一（沖縄国際大学），髙橋和敬（元・中央大学大学院），堂野崎衛（埼玉学園大学），中嶋嘉孝（大阪商業大学），中西大輔（日本大学兼任講師），髭白晃宜（中央大学兼任講師），丸山智史（元・中央大学大学院）の方々であった。

　筆者が研究者としてここまでくることができたのは，このような多くの方々のご指導やご教示によるものである。謹んで御礼を申し上げたい。

　近年，出版事情が厳しい中で，本書の出版企画を引き受けていただいた同文舘出版，とりわけ市川良之取締役編集局長には，御礼を申し上げ

たい。あわせて，筆者の諸事情によって出版が延び，少なからずご迷惑をおかけすることになったことをお詫び申し上げたい。

　最後に，他界した母邊三子を長きにわたって看病を続けながら，筆者をいままで勉学の道にとどまるよう，懸命に支援してくれた父鎭宇に感謝を述べたい。また，あまり帰省もできなかった筆者を遠くで応援してくれていた兄妹たちにも感謝を述べたい。さらには，いつも筆者のことを気遣いつつ，支えてくれている妻崔夏榮と，いつも笑顔をみせ，やっと一人で歩きだそうとする1歳過ぎの息子楨洪に，感謝の気持ちと本書を捧げたい。

2012年6月

　　　　　　　　　　　　　　　　　　　　　　　　金　度渕

目　　次

序章　研究課題と方法────────────────3

　第1節　研究課題とその背景……………………………… 3
　第2節　研究方法と論文構成……………………………… 6
　　（1）研究方法 ……………………………………………… 6
　　（2）論文構成 …………………………………………… 10

第1章　イギリスの食料消費の変化に関する先行研究
　　　　の検討────────────────15

　第1節　はじめに………………………………………… 15
　第2節　John A. Dawson の研究 ……………………… 16
　　　　　―「ユーロ・コンシューマ」の出現―
　　（1）人口の分布，消費者の側における構造的変化 ……… 17
　　（2）消費者技術の変化 ………………………………… 18
　　（3）消費者の環境 ……………………………………… 19
　　（4）John A. Dawson の研究に関するまとめ ………… 20
　第3節　Christopher Ritson と Richard Hutchins の研究………… 21
　　　　　―「消費革命」と食生活の簡便化―
　　（1）イギリス食料消費の変革のフェーズ ……………… 22
　　（2）消費の変化：1960～1980 年代 …………………… 23
　　（3）需要の基本的な傾向 ……………………………… 24

（4）需要に影響を及ぼした要因 ……………………………… 24
　　　（5）Ritson と Hutchins の研究に関するまとめ ……………… 26
　第4節　John Saunders と Jim Saker の研究 ………………………… 27
　　　　　―イギリス消費者の変化とマーケティングの変化―
　　　（1）イギリス経済の発展 …………………………………… 28
　　　（2）人口統計学上の変化と消費 …………………………… 29
　　　（3）文化環境 ………………………………………………… 30
　　　（4）マーケティングの変化 ………………………………… 31
　　　（5）Saunders と Saker の研究に関するまとめ ……………… 33
　第5節　Ronan Kervenoael らの研究 ………………………………… 35
　　　　　―イギリスにおける食料購買行動に関する1980年代～2000年代の動向―
　　　（1）社会，仕事，そして消費 ……………………………… 35
　　　（2）小売構造と店舗開発に関する活動 …………………… 38
　　　（3）ローカルな店舗選択 …………………………………… 39
　　　（4）小売の変化と法律 ……………………………………… 40
　　　（5）小売消費（retail consumption）………………………… 41
　　　（6）Ronan Kervenoael らの研究に関するまとめ …………… 42
　第6節　おわりに ……………………………………………………… 43

第2章　イギリス食料消費の変化と世帯の変化―――51

　第1節　はじめに ……………………………………………………… 51
　第2節　経済状況の特徴 ……………………………………………… 52
　　　　　―個人債務残高の増大と貯蓄率の低下を中心に―
　第3節　食料消費の変化とその特徴 ………………………………… 57
　第4節　単身世帯の増大と世帯規模の縮小 ………………………… 61
　第5節　女性の就業化と家事労働時間の減少 ……………………… 66
　第6節　おわりに ……………………………………………………… 75

第3章　大規模食品小売業者の発展とロジスティクスの高度化――79

　第1節　はじめに……………………………………………… 79
　第2節　主要小売業者の合併・買収と上位集中化の進展……… 80
　第3節　小売店舗開発と店舗郊外化の進展…………………… 86
　第4節　テスコ社による小売ロジスティクスの展開………… 91
　　（1）ロジスティクスの概念…………………………………… 91
　　（2）物流革新への取組み：複合物流システムの導入 ……… 94
　第5節　おわりに……………………………………………… 102

第4章　大規模食品小売業者における小売ブランド商品戦略の転換――107

　第1節　はじめに……………………………………………… 107
　第2節　メーカーブランド商品に対する小売ブランド商品の発展
　　　　　………………………………………………………… 109
　第3節　1980年代からの小売ブランド商品戦略の転換……… 114
　第4節　高付加価値型商品としての調理済み食品の誕生……… 119
　第5節　新商品開発と品質管理の高度化……………………… 124
　第6節　おわりに……………………………………………… 126

終章　結論と残された課題――131

　第1節　本研究の要約と結論………………………………… 131
　第2節　本研究の残された課題……………………………… 138

補論　日本型流通システムにおける小売主導型 SCM の可能性——141
　　　——イギリス型小売 SCM からの示唆——

- 第 1 節　問題の所在……………………………………………………141
- 第 2 節　SCM の形成とその背景 ……………………………………143
  - （1）SCM とは何か………………………………………………143
  - （2）SCM 形成の背景 ……………………………………………145
  - （3）延期—投機理論の枠組み …………………………………147
  - （4）小　　括………………………………………………………149
- 第 3 節　メーカー主導と小売主導の SCM …………………………150
  - （1）メーカーによる SCM の展開 ………………………………150
  - （2）小売業者による SCM の展開 ………………………………153
  - （3）小　　括………………………………………………………155
- 第 4 節　SCM 最適化に関する若干の考察 …………………………156
  - （1）卸売業者の排除傾向と躍進 …………………………………156
  - （2）小売主導型 SCM の有用性 …………………………………158
  - （3）イギリス型小売 SCM からの示唆 …………………………161
- 第 5 節　日本における小売主導型 SCM の可能性 …………………166
  　　　——結びにかえて——

参考文献―――――――――――――――――――――171
索　　引―――――――――――――――――――――181

図表一覧

- 図 1-1　変化する食料消費の局面　22
- 表 1-1　需要に対して高水準な成長をみせた製品　25
- 表 1-2　需要に対して成長が落ち込んだ製品　25
- 表 1-3　経済状況の変化　29
- 表 1-4　部門別売上高と大規模店舗のシェア　33
- 表 1-5　簡便食品の消費経済　37
- 図 1-2　過去 20 年にわたり食品小売業の発展に影響を及ぼした主要な構造と行動の変化　42
- 表 1-6　先行研究のまとめと本研究の位置づけ　45
- 図 1-3　本書の全体像　46
- 図 2-1　イギリスの経済指数の変化　53
- 図 2-2　イギリスにおけるおもな消費支出の変化　54
- 表 2-1　イギリスにおいて消費量が変化したおもな食品　60
- 表 2-2　イギリスにおいて消費量が変化した食品の増減率（1984 年と 1995 年の比較）　61
- 表 2-3　イギリスにおける性別・年齢別の人口構造の変化　63
- 図 2-3　イギリスにおける世帯規模（世帯構成員数）の変化の推移　64
- 図 2-4　イギリスにおける世帯タイプの変化　65
- 表 2-4　イギリスにおける就業人口の変化と増加率　67
- 表 2-5　各年におけるイギリスの平均失業人口と失業率の変化　68
- 図 2-5　イギリスにおける未婚女性の就業率の変化　69
- 図 2-6　イギリスにおける既婚女性の就業率の変化　69
- 図 2-7　イギリスにおける扶養する子供をもつ女性のフルタイム労働とパートタイム労働の就業率の変化　70
- 図 2-8　イギリスにおける夫の経済活動に対する妻の経済活動の変化　71
- 表 2-6　イギリスにおける 35 歳から 44 歳の既婚女性の就業率の変化　73
- 表 2-7　イギリスにおける労働形態別の既婚女性の就業率の変化　73

図 2-9　イギリスにおける女性の高学歴化　73
表 2-8　イギリスにおける食事形態の変化（1975 年と 2000 年対比）　74
表 3-1　イギリスの小売シェアの変化　81
表 3-2　イギリスの小売構造の変化（1978 年と 1988 年対比）　82
表 3-3　イギリスにおけるディスカウント小売業の分類（1950 年代から 1990 年代半ばまでのデータ）　85
表 3-4　イギリスにおける大規模店舗の開設店舗数と累計売場面積の変化　88
表 3-5　イギリスにおいて各年に店舗開発された売場面積の地域別の変化　90
表 3-6　テスコ社の物流戦略の変遷　96
表 3-7　1980 年代のテスコ社のデータ　101
表 3-8　1970 年代以降のイギリスの大規模小売業者による店舗開発と技術導入に関するプロフィール　101
図 4-1　イギリスにおけるバーズ・アイ社と小売ブランド商品の冷凍食品市場シェアの変化　111
表 4-1　イギリスにおける全冷凍食品に占める主要なメーカーのシェア（2000 年）　112
表 4-2　イギリスにおけるカテゴリー別の主要な冷凍食品メーカーの割合（2000 年）　113
表 4-3　イギリスにおける加工食品の売上高に占める小売ブランド商品の割合　115
表 4-4　イギリスにおける上位 4 社の加工食品小売ブランド商品比率の変化　116
表 4-5　イギリスにおける売上高に占めるカテゴリー別の小売ブランド商品の割合（1997 年）　121
表 4-6　イギリスの主要小売業におけるテクニカル・スタッフ数の変化　125
図 E-1　イギリスの食料消費の変遷　137
図補-1　SCM の略図　144
表補-1　イギリスにおける物流センターからの食品取扱量の割合　163
表補-2　イギリスにおけるロジスティクスの変遷　164

現代イギリス小売流通の研究

―消費者の世帯構造変化と大規模小売業者の市場行動―

序章

研究課題と方法

第1節 研究課題とその背景

　1980年代のイギリス経済は不況期にあり，1986年には失業者数329万人，失業率11.8%という記録的水準に達し，1984年から1993年の平均失業率でみても9.7%に達していた[1]。1980年代後半にかけて個人所得に対する貯蓄率は低下する一方，消費者信用の利用が拡大することにより，個人の債務残高は過去最大にのぼった。このような経済状況の下で，当然のことながら，イギリスの食料消費も大きな転換が生じることとなった。当時の食料消費の変化を分析した代表的な研究者であるRitsonとHutchins（1991）は，1980年代のイギリスの食料消費パターンに変化が生じたのは，「主としてイギリス消費世帯における生活態度や社会的行動の根本的な変化の結果によるものであった[2]」と指摘した。そして，1980年代に缶詰食品や冷凍食品，インスタント食品などの消費量が急激に増大したという点に注目し，このような「簡便食品（convenience food）[3]」を多用する新たな食生活への転換を「消費革命（Consumption Revolution)」と名付けたのである。

　このような時期にイギリスの食品メーカーは，1970年代後半から1980年代初めにかけて利益率が悪化し，1980年代の利益水準は主要な食品小売業者のおよそ半分程度にまで低下していた。これに対して，主要な小売業者は，サッチャー政権下の規制緩和の下で，合併・買収を繰り返し，急速な資本の集積・集中を実現していった。大規模小売業者であるテスコ社（Tesco），セインズベリ社（J. Sainsbury），セーフウェイ社（Safeway），アズダ社（Asda），ゲートウェイ社（Gateway Corporation）の売上高上位5社が食品市場にしめるシェアは，1982年の25％から1990年の61％まで高まり[4]，それら大規模小売業者が市場を席巻する「黄金時代（golden age）」を迎えることとなった[5]。

　この時期に小売業者が採った市場行動で注目される戦略の1つが，物流革新であった。のちに，イギリス最大の食品小売業者となるテスコ社は，1970年代に事業活動の総点検（Operation Checkout）に取り組み，その一環として，従来型の物流活動を抜本的に見直すこととなった[6]。1980年代に入ると，物流部門の集中化，アウトソーシングの活用，そして，1980年代後半には複合物流の導入と，商品温度管理の高度化を進めた。そして1990年代初頭には，巨大な取引規模を背景に商品調達においてバイイング・パワーを発揮することに加え，商品調達から販売に至る小売主導型のロジスティクスの仕組みを確立することとなった。

　いま1つの戦略が，小売ブランド商品戦略であった。1980年代から食品小売業者は品質重視への傾向を強め，自らが高付加価値型商品である調理済み食品の開発を活発化させていった。1980年代後半には，冷凍・冷蔵食品市場における市場シェアを拡大させ，1995年時点で調理

済み食品の市場における小売ブランド商品のシェアは，約95％に達していたのであった[7]。

　これまでのイギリスの食料消費に関する研究をみると，社会学，経済地理学，栄養学，そして消費者行動論からの研究蓄積が豊富に存在する。しかしながら，食料消費の変化を流通論の立場から分析した研究は必ずしも多くはない。そのことは，食料消費の変化について，消費者サイドの変化とともに，供給サイドのあり方とを関連づけて解明しようとした研究は少ないということに他ならない。

　食料消費の変化をより正確にとらえるためには，消費者の世帯構造や生活様式の変化という消費者サイドを分析することがもちろん重要なのであるが，あわせて食品を提供する供給サイドの変化にも注目する必要があると考える。それは，現代の食生活様式が，消費者の側の食に関する主体性と食品供給サイドからの食市場の多面的な包摂の相互作用として発現するからであり，特に，いかなる食品を「どう食べるか」という食生活のあり方は，食品産業全体からの規定性を，より強く受けるようになってきている[8]。また，1980年代から90年代にかけてのイギリスの食料消費について分析したWrigley（1998）は，食料消費の変化に対する供給サイドの規定性について，イギリスの食品小売業者が取り組んだ物流管理，ロジスティクス，そしてITシステムの革新は，小売ブランド商品や調理済み食品の技術開発，そしてサプライ・チェーン・マネジメント（以下，SCM）の導入を促進し，イギリス消費世帯における日々の食事のあり方に広く影響を与えたと指摘している[9]。

　以上のことから，本書では，1980年代から90年代半ばまでのイギリスにおける食料消費の変容について，その内容を確認しながら，消費者

の世帯構造の変化，さらには，食品を供給する小売業者の市場行動の変化との関連で分析し，食料消費が市場支配力を高めていった大規模食品小売業者の市場行動によって，いかに方向づけられてきたのか，を実証的に解明することが研究課題である。

第2節　研究方法と論文構成

（1）研究方法

　本研究は，関連分野の文献サーベイ，統計資料を通じた分析，さらに業界誌 *The Grocer* に依拠した実証分析に基づくものである。本研究の位置づけとその意義を明確にするために，既存研究の文献サーベイでは，以下の代表的な研究を取り上げた。

- ▶Dawson, J. A.（1982）*Commercial Distribution in Europe*, Croom Helm, London.（前田重朗監訳（1984）『変貌するヨーロッパの流通』中央大学出版部。）
- ▶Ritson, C. and Hutchins, R.（1991）"The Consumption Revolution," in *Fifty Years of the National Food Survey 1940-1990*, ed., Slater, J. M., HMSO, UK, pp. 35-46.
- ▶Saunders, J. and Saker, J.（1994）"The Changing Consumer in the UK," in *International Journal of Research in Marketing*, Vol. 11, pp. 477-489.
- ▶Kervenoael, R., Hallsworth, A. and Clarke, I.（2006）"Macro-level change and micro level effects : A twenty-year perspective on changing grocery

shopping behaviour in Britain," in *Journal of Retailing and Consumer Services*, Vol. 13（6）, pp. 381-392.

　統計を通じた分析で利用されるデータは，おもに HMSO（Her Majesty's Stationery Office，英国印刷庁）の資料である。HMSO は英国の政府刊行物の発行を行なっており，イギリス経済および，社会に関連する膨大な統計資料を提供し，本研究にとって不可欠である。これを利用して，1980 年代におけるイギリス経済と消費動向を明らかにし，特に第 2 章「イギリス食料消費の変化と世帯の変化」において，個人所得や貯蓄率の変化，1 人あたりの食料消費量の変化，世帯規模の変化，女性の就業化について考察を加える。

▶Central Statistical Office, *Annual Abstract of Statistics*（No. 120～134）, London, HMSO.

▶Central Statistical Office, *Economic Trends*（No. 363～490）, London, HMSO.

▶Central Statistical Office, *Family Spending : a report on the family expenditure survey*（No. 1990～1999-2000）, London, HMSO.

▶Central Statistical Office, *United Kingdom national accounts*（No. 1984～1997）, London, HMSO.

▶Central Statistical Office, *Social trends*（No. 9～30）, London, HMSO.

▶Department of Employment, *British labour statistics year book*（No. 1971～1976）, London, HMSO.

▶Department of Employment, *Employment gazette*（No. 88～103）, London, HMSO.

▶Euro monitor（1989）*UK Consumer Spending : Trends and Forecasts to*

1996, GB.
- ▶Euro monitor (1987) *Grocery Distribution in Western Europe ; 1987 report*, GB.
- ▶Institute for Retail Studies (1988,1992,1996) *Distributive trades profile : A statistical digest*, London.
- ▶Institute of Grocery Distribution (IGD, 1999), *Retail Logistics*, Watford, UK.
- ▶Ministry of Labour, *Family Expenditure Survey* (No. 1982〜1989), London, HMSO.
- ▶Office of Population Censuses and Surveys, *General Household Survey : an inter-departmental survey* (No. 13, 16, 20, 22, 24), London, HMSO.
- ▶Office of Population Censuses and Surveys, *Living in Britain : results from the General household survey* (No. 1994,1995,1998,2001), London, HMSO.
- ▶Retail Intelligence (Aug., 2001) *Consumer goods Europe*, No. 465.

また，食品小売業者に関する分析については，文献サーベイと，下記の統計資料を通して検討を行なう。特に，本書の第3章「大規模食品小売業者の発展とロジスティクスの高度化」と第4章「大規模食品小売業者による小売ブランド商品戦略の転換」における，主要な大規模食品小売業者の発展，冷凍食品メーカーの動向などに関する分析がそれに該当する。
- ▶Butterworth Heinemann, *Journal of Retailing and Consumer Services.* 〔2001-Vol. 8 (3), 2006-Vol. 13 (6)〕
- ▶Carfax, *Industry and Innovation.* 〔2003-Vol. 10 (2)〕

▶ Columbus, *Journal of Business Logistics.*〔1999-Vol. 20（2）〕
▶ Emerald Group Publishing Limited, *British Food Journal.*〔1999-Vol. 101（3）, 2004-Vol. 106（2）〕
▶ Frank Cass, *The Service Industries Journal.*〔1997-Vol. 17（3）〕
▶ Germantown, *The Journal of Brand Management : an international journal.*〔1994-Vol. 2（1）〕
▶ Institute Grocery Distribution (IGD), *Retail Logistics,* 1999, IGD Business Publication.
▶ Macmillan, *The Economic Journal.*〔1994-No. 104（November）〕
▶ MCB Publications, *International Journal of Physical Distribution & Materials Management.*〔1989-Vol. 19（7）〕
▶ MCB University Press, *International Journal of Retail & Distribution Management.*〔1990-Vol. 18（2）, 1995-Vol. 23（3）〕
▶ MCB University Press, *Supply Chain Management : An International Journal.*〔2000-Vol. 5（1）〕
▶ Mercury House Business, *European Journal of Marketing.*〔1984-Vol. 18（1）, 1999-Vol. 33（11/12）, 2000-Vol. 34（8）, 2003-Vol. 37（5/6）〕
▶ Newman Publishing, *Retail and distribution management.*〔1987, July/August〕
▶ Official journal of the European Marketing Academy, *International Journal of Research in Marketing.*〔1994-Vol. 11〕
▶ Pion, *Environment and Planning A.*〔2004-Vol. 36〕
▶ Routledge Kegan Paul, *The British Journal of Sociology.*〔2007-Vol. 58（1）〕
▶ Routledge, *International Review of Retail, Distribution and Consumer*

Research.〔1993-Vol. 3（1），1998-Vol. 8（3），1999-Vol. 9（2），2002-Vol. 12（1），2006-Vol. 16（2）〕
▶ Wiley, *Strategic Management Journal.*〔1991-Vol. 12（6）〕

　最後に，イギリスの食品事情や食品小売市場に関する情報を提供する食品業界紙である *The Grocer* 誌を活用し，1980年代から1990年代半ばまでの食料消費の変化と食品小売業者の戦略について，実証的に検討する。
▶ William Reed, *The Grocer*, UK.〔1985（June, 15/August, 17/August, 31），1993（December, 11），1994（March, 5/April, 16/April, 23/May, 7）〕

（2）論文構成
　手順としては，まず，既述の生活様式の変化の重要性を念頭におきつつ，どのような食品がどれくらい消費され，どのような特徴があったのか，またそれはどのような要因によってもたらされたのか，という消費者サイドを重視した分析を行なう。次に，食品を供給する側である大規模食品小売業者の対応と戦略，特に大規模食品小売業者による小売ロジスティクスの発展と小売ブランド商品戦略の高品質，または高付加価値志向への転換を検討し，食料消費の変化に影響を与えた供給サイドを分析する。
　第1章「イギリスの食料消費の変化に関する先行研究の検討」では，イギリスの食料消費の変化に関する先行研究の検討を行なう。具体的には，消費者を取り巻く環境要因の変化に注目した Dawson（1982）や，

統計を通じた食料消費量の変化を分析し，1980年代の食生活の簡便化を「消費革命」と規定したRitsonとHutchins（1991），さらに経済指数やマーケティングの変化に注目したSaundersとSaker（1994），そして消費者の多様化に注目し，食料消費の変化と小売業者の市場行動の変化を結びつけたKervenoaelら（2006）である。なかでも，Kervenoaelら（2006）の研究は，消費者自身の変化という消費者サイドを重視した研究とともに，小売業の構造と戦略という供給サイドにも注目した研究である。

しかし，そのいずれの視角からの研究においても，既存研究では十分に解明されていない論点が残されており，それらを検討し，本論文の位置づけを明確にする。

第2章「イギリス食料消費の変化と世帯の変化」 では，1980年代の経済状況の変化をとらえ，食料消費の変化はどのような要因によって生じたのかを，HMSOの統計データをもとに分析する。

分析の手順は，第1に，1980年代以降の経済諸状況の変化をとらえ，どのような経済状況下であったのかを，所得，消費支出，貯蓄性向の3つの諸要因に限定し，特に貯蓄性向を中心に明らかにする。第2に，1980年代から1990年代にかけての食料消費について，品目別消費量の分析を通じて，どのような傾向と特徴があったのかを分析する。第3に，なぜ1980年代以降に食生活の簡便化が進んだのかを明らかにするため，それをもたらした消費者サイドの要因を，特に，世帯規模と女性の就業化を中心とした世帯構造の変化を通じて明らかにする。

第3章「大規模食品小売業者の発展とロジスティクスの高度化」 では，テスコ社の事例を通じて1980年代以降のイギリスの食料消費の変

化に影響を与えた供給サイドの要因を分析する。

　分析の手順は，第1に，大規模食品小売業者の上位集中化の進展について，1980年代，主要な小売業者による合併・買収によって寡占化が進んだ当時の動向を明らかにする。第2に，小売店舗開発と店舗の郊外化について考察する。第3に，イギリス最大の食品小売企業であるテスコ社の事例を通じて，1980年代からの物流戦略への取組みによる小売ロジスティクスの発展を分析し，イギリスの大規模食品小売業者の発展と物流革新を明らかにする。

　第4章「大規模食品小売業者による小売ブランド商品戦略の転換」では，大規模食品小売業者による小売ブランド商品がイギリスの食料消費にいかなる影響を及ぼしたのかについて，小売ブランド商品の低価格志向から高品質志向への戦略転換を中心に考察する。

　まず，具体的な例として，1970年代から80年代に普及した小売ブランド商品のなかで多くを占めていた冷凍食品について，特に，冷凍食品メーカーである1980年代を中心に冷凍食品メーカー，バーズ・アイ・ウォールズ社（Birds Eye Walls）の商品と小売ブランド商品の競争状況を取り上げ，小売ブランド商品の発展過程を検討し，食生活へいかなる影響を及ぼしたのかを明らかにする。また，すでに1980年代半ばに誕生した高付加価値型商品である調理済み食品（ready meals）について分析を行ない，小売ブランド商品戦略の変化をとらえる。さらに，新製品開発や品質管理の高度化についても分析を行なう。

　終章「結論と残された課題」では，本書で設定した課題に対する結論を整理し，さらに残された課題について言及する。つまり，1980年代から90年代にかけてのイギリスにおける食料消費の変化について，世

帯構造などの消費者における変化をより具体的に整理しつつ，これまで十分整理がなされてこなかった大規模食品小売業者の市場行動の側面から分析をまとめ，小売業者からの規定性が強まりつつある実態を明らかにする。

(注)
(1) Department of Employment, *Employment gazette* (No. 95/Dec., 1987), London, HMSO, p. 18.
(2) Ritson, C. and Hutchins, R. (1991) "The Consumption Revolution," in *Fifty Years of the National Food Survey 1940-1990*, ed., Slater, J. M., HMSO, p. 35.
(3) 本書で用いられる簡便食品とは，加工食品，冷凍食品やインスタント食品など，何らかの手が加えられて，利便性，または保存性を高めた食品全般を意味し広義で用いており，いわゆる，調理済み食品であるレディ・ミール (ready meals) もこれに含めている。当時，このような簡便化の傾向とともに「健康志向食品」の消費量も増大した。
(4) Wrigley, N. (1993) "Retail concentration and the internationalization of British grocery retailing," in *Retail change : contemporary issues*, ed., Bromley, R. D. F. and Thomas, C. J., UCL Press, London, p. 44.
(5) *Ibid.*, p. 41.
(6) Cooper, J., Browne, M. and Peters, M. (1994) *European logistics : markets, management and strategy (second edition)*, Blackwell Business, p. 109.
(7) Cox, H., Mowatt, S. and Prevezer, M. (2003) "New product development and product supply within a network setting : The chilled ready-meal industry in the UK," in *Industry and Innovation*, Vol. 10 (2), p. 201.
(8) 木立真直 (2001)「アメリカ型食生活の広がりと食のグローバル化」，中野一新・杉山道雄編『講座　今日の食料・農業市場（Ⅰ）グローバリゼーションと国際農業市場』筑波書房，182ページ。
(9) Wrigley, N. (1998) "How British retailers have shaped food choice," in *The*

Nation's Diet: *The social science of food choice*, ed., Murcott, A., Longman, London, p. 112.

第1章

イギリスの食料消費の変化に関する先行研究の検討

第1節　はじめに

　本章では，食料消費の変化について流通・マーケティングに関連した先行研究を取り上げ，これまでどのような研究がなされ，そしてどのような課題が残されているのかを検討し，本研究の位置づけを明確にする。具体的には，消費者を取り巻く環境要因の変化に注目した Dawson (1982)，統計を通じた食料消費量の変化を分析し，1980年代の食生活の簡便化[1]を「消費革命」と規定した Ritson と Hutchins (1991)，さらに経済指数やマーケティングの変化に注目した Saunders と Saker (1994)，そして消費者の多様化に注目し，食料消費の変化と小売業者の市場行動を結びつけた Kervenoael ら (2006) である。

　4つの先行研究を取り上げた理由は，第1に，1980年代以降の食料消費の変化に関する研究は，数式を用いた定量分析がなされる場合が多いなかで，彼らの研究は，経済動向や消費生活の変化，小売構造の変化な

どに重点がおかれた研究であり，より具体的な示唆がえられるからである。第2に，所得，消費支出，貯蓄性向，世帯規模，女性の就業化，食事や調理時間という食料消費の変化に直接，影響した消費者サイドの要因とともに，小売業の集中化，小売業の物流革新，小売ブランド商品戦略など，直接，影響した供給サイドの要因が，これら4つの先行研究で分析されており，本研究にとって多くの示唆を与えると判断されるからである。

第2節　John A. Dawson の研究
—「ユーロ・コンシューマ」の出現—

　Dawson（1982）は著書『*Commercial Distribution in Europe*（変貌するヨーロッパの流通）』の第2章にあたる「The changing European consumer（変化するヨーロッパの消費者）」において，ヨーロッパの人口分布の変化から，消費者にとっての環境要因である経済および地理的環境の変化にまで至る，ヨーロッパの消費者の変化について多面的で詳細な分析を行なっている[2]。
　しかし，イギリスを中心に当時のEEC加盟国全体を視野に入れ，各国の特徴をそれぞれ分析しているため，後述する他の先行研究とは異なり，イギリスに限定した研究にはなっていない。また，この文献が登場したのは1982年であり，おもに1970年代までの内容が分析され，その意味では本書が考察の対象とする1980年代とは，時期のズレがある。さらに分析の対象は，食料品を中心としつつも，アルコールや衣料品，

自動車や住居など，広範囲に及んでいる。それにもかかわらず，Dawson（1982）の研究を取り上げる理由は，消費者研究について，「構造，技術，環境の変化という観点から」[3]消費者を取り巻く要因を包括的にとらえようと試みた研究だからである。具体的には，①人口の分布，②消費者の側における構造的変化，③消費者の利用する技術の変化，④消費者の環境，という4つの側面から消費者の変化をとらえている。

（1） 人口の分布，消費者の側における構造的変化

まず，人口の分布については，「1950年と1980年の間にEEC加盟9カ国（現在は12カ国）の人口は4,700万人，22％増加」[4]したと述べ，各国の出生率の増減を示し，その特徴を明らかにした。特に，1970年代の人口増加率は，「出生率の低下とEEC諸国への流入の抑制の両者によって，概して下落」した。この変化が著しい国がイギリスと西ドイツであり，1970年代に人口の減少を経験したのであるが，この2つの国では，人口流入があった一部の地域だけが著しい人口増加を示しているとし，EEC全体の人口移動による人口の増加率と，自然増による増加率を基準にEECを4つのタイプに分類した。それによって，消費者の環境がEECの地域で変化していることを示したのである[5]。

続いて，消費者側における構造的変化においては，消費構造，消費者行動，買物行動には5つの要因が影響するものとしてとらえられている[6]。それは第1に，人口の統計学上の諸特性であり，第2に，社会の種々の分野における就業率の変化が消費者の需要と消費者行動に大きな影響を及ぼしているとした。第3は，消費者支出の大きな変化をもたらした要因として嗜好（taste）と流行（fashion）の変化をあげている。

特に，インスタント食品市場の拡大を強調し，「1980年代においても続くであろう食料品の消費パターンにおける変化は，インスタント食品の増大」[7]であるとした。また，衣料品ファッションなどの消費パターンの変化についても触れられ，それらが「EECのどこでも似通ったものになってきている」[8]ととらえている。第4は，消費者の所得が増大した点であり，EEC各国別の国民所得を示してその特徴を明らかにし，都市と郊外の所得格差について指摘している。最後は，心理的要因からみた消費者の変化を取り上げ，特に環境問題，女性の地位の変化，そして消費者運動の3つに注目している。消費者の力が著しく増大した結果，包装，価格決定，広告などに対する政府の規制が厳しくなった状況を取り上げ，さらにこの問題に対して小売業者が消費者に応えるためには，販売政策や商品政策を柔軟に対応させなければならないとした。そしてこれら5つの要因についての結論は，便宜上個別に考察されてきたが「現実にはこれらの要因は相互に密接に関連している」[9]としたのである。

（2） 消費者技術の変化

消費の変化をとらえる3つ目の要因は消費者技術の変化であり，2つの点を指摘している。

第1は，自家用車の普及の影響であり，「大衆が自家用車を持つことから生じた人的移動（行動）の改善」[10]についてである。なかでも，自動車の普及によって消費パターンと買物行動に影響を及ぼした点を3つあげており，①ガソリンなどの自動車に関連した商品に対する支出が消費支出のなかでその比率を高めていること，②距離的制約からの解放に

よって得られた遠出による郊外への買い物の増加，そして③自家用車がワン・ストップ・ショッピングという種々の商品を一度に購入できることを可能にし，買い物への柔軟性と便宜さを与えたとした。

第2は，冷蔵庫・冷凍庫の普及と，総人口に占めるクレジット・カード利用者の増大，という家庭内の技術利用における変化である。クレジット・カードによる買い物は，1店舗での買い物の総額を引き上げる方向に作用し，顧客確保にも貢献することになる。このことに関連し，イギリスの小売業者が自社専用（inhouse）クレジット・カードの導入（第2章参照）を取り上げ，クレジット・カードの利用が活発になった当時のヨーロッパの状況を分析している[11]。

（3） 消費者の環境

消費の変化をとらえるための最後の要因としてあげられるのは，消費者の環境である。これに関して，「マクロ的な経済環境とその地理的環境は，消費者環境の主要な構成要素であり，それらが消費者行動と消費パターンに大きな影響」[12]を与えていると述べた。

まず，経済的環境については，1970年代のヨーロッパの経済環境の特徴として，経済成長率の低さと急激なインフレーションについて取り上げた。特にインフレーションの進行速度の上昇は国によって異なるが，第1に「貯蓄へのインセンティブを弱め，家庭用の小さな耐久消費財の購入の増加をもたらす。そして耐久消費財の購入のためにクレジット・カードのような短期の信用が利用されるという状況」が広まっていくとした。第2に，貨幣支出をより慎重にさせ，「有名ブランド商品をディスカウント・ストアで購入するというような状況をもたらす」とし

た。そしてインフレーションの上昇によって生じる第3の事象として，「習慣的な購買や衝動的な購買から選択的な購買への転換」が生じたとし，「消費者がその外部の経済的環境に生じた重大で急速な変化に積極的に対応」していることが明らかであると指摘したのである[13]。

次に，消費者環境の第2の問題である地理的環境についてみると，特に都市地域における「居住構造の変化は，おそらく消費と消費者の変化にもっとも重要な影響を与えている環境的要因」であるとし，各地域における人口分布の変化が，特に都市地域に大きな影響を及ぼすとした。そして「1980年代のヨーロッパで進行中の都市構造の計画的な，あるいは自然発生的な変化は，消費パターンと消費者行動に影響を与えているが，多くの場合，先に述べた消費者の構造的な変化や技術に関連しての変化と結びついている」ととらえている[14]。

（4） John A. Dawson の研究に関するまとめ

以上のようにDawson(1982)は，特に1970年代のヨーロッパの消費者の変化を，人口の分布，消費者側の構造的変化，消費者の利用する技術の変化，消費者の環境という，消費者を取り巻く環境要因に結びつけて体系的に分析を行なった研究であった。しかし，Dawson (1982) がとらえる消費者の変化は，人口動態やライフ・サイクルの変化と結びついており，流通業の変化の直接的な結果ではなく，消費者と流通業における因果関係を明らかにすることはけっして容易ではないとし，消費者側が小売側に影響を及ぼしているのか，あるいは小売側が消費者側に影響を及ぼしているのかを判断することは困難であると結論づけたのである[15]。

食生活に関連する消費者サイドの変化について緻密な分析が行なわれている点は評価できるが，食料消費の変化は流通業の変化の直接的な結果ではないと否定している点は議論の余地がある。それは消費者自身を取り巻く要因において，食品を提供する小売業者は，品揃えや商品開発などを通じて消費者の日々の食事や調理のあり方に影響を及ぼしており，イギリスのような小売業の市場集中度が高まりつつある状況下では，いっそう強い影響力をもつものと考えられる。食料消費の変化は，小売業者による商品戦略や物流革新といった直接，消費者に影響を与えた要因を結びつけてとらえる必要がある。それゆえ，Dawson（1982）の研究は，食料消費の変化に関して，消費者サイドに重点がおかれた分析となっているところに限界があると考えられる[16]。

第3節　Christopher Ritson と Richard Hutchins の研究
　　　　―「消費革命」と食生活の簡便化―

　RitsonとHutchins(1991)の論文「The Consumption Revolution（消費革命）」[17]は，1980年代のイギリスの食料消費に生じた変化に注目した研究である。彼らは，「過去10年間はイギリスにおける食料消費パターンが本質的な変化をみせており…（中略）…その主要な傾向は，主としてイギリス家庭における生活態度（attitudes）や社会的行動（social behaviour）の根本的（fundamental）な変化の結果によるものであった」と指摘[18]し，1980年代に缶詰食品や冷凍食品，インスタント食品のような簡便食品の消費量が大きく増大した事実に注目した。彼らはこのよう

な食料消費の変化を消費革命と名付けたのである。

（1） イギリス食料消費の変革のフェーズ

RitsonとHutchins(1991)はまず，イギリスの食料消費が変化してきたフェーズを区分し，以下の図1-1を示した。

最初の時代を'戦時中の耐乏と配給制'と画し，次いで，個人の食事に対する選択の制限から徐々に開放され，通常食への転換を経て，徐々に所得の上昇とともに，「食事に対する制約を取り除いてきた」[19]ととらえている。1970年代に入ると，価格が食品の消費パターンに影響を及ぼしたものとしてより重要性を増してきたと指摘し，「たとえば世界的な物価高騰，共通農業政策（Common Agricultural Policy＝CAP）[20]の採用，1975～76年の干ばつ，食品補助金計画などが，多くの食料品の小

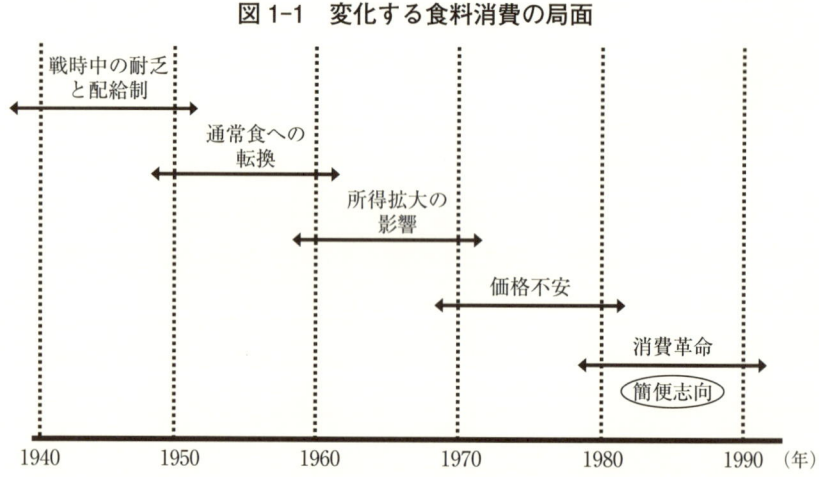

図1-1 変化する食料消費の局面

〔出所〕 Ritson, C. and Hutchins, R., "The Consumption Revolution," in *Fifty Years of the National Food Survey 1940～1990*, ed., Slater, J. M., HMSO, UK, 1991, p. 36.

売価格にとって不安定要因となった」[21]と指摘した。さらに，1970年代終わりになると，世界の物価は安定しつつ，イギリスの食料品価格はCAPの影響を大幅に受け，1980年代には実質的に食料品の価格が下がることになったと指摘した。

（2） 消費の変化：1960〜1980年代

「消費の変化」と題したこの節では，1960年から1980年代までの主要な食料品の消費量に関する統計分析がなされた。

「30年ものあいだ，肉の総消費量はそのほとんどが1人あたりにつき1週間35から40オンスであったし，1976年と1977年に影響した干ばつは別としても，野菜の総消費量は，依然として1人につき1週間およそ70から80オンスのままであった。この時期の魚の消費ははじめは減少し，1970年代半ばに低いポイントに到達した」[22]と述べ，いくつかの食品グループの総消費量は安定した傾向が続いたと説明した。しかしながら，主要な商品群をそれぞれ比較した結果，一部の商品におけるいくつかの特徴を次のように明らかにした。

① 「肉製品」としては牛肉，羊肉，家禽肉が比較され，牛肉，羊肉の消費量の減少に対して，家禽肉の増大がみられた。
② 「牛乳」は普通の牛乳と低脂肪牛乳を取り上げ，普通牛乳は減少を続け，その反面，低脂肪牛乳の増大（1983年から続いた）を示した。
③ 「オイル類」としてはバター，マーガリン，ラード，サラダオイル，低脂肪スプレッドが比較され，バター，ラードの減少とマーガリンと他が増大した。

④ 「シリアル製品」についてはビスケット，ケーキ，朝食用シリアルが比較され，ビスケットはほぼ同水準，ケーキは減少しており，1975年に朝食用シリアルはケーキの消費量を逆転し，増大を続けている。

（3） 需要の基本的な傾向

ここでは所得に伴って消費が増減する商品を取り上げた。なかでも肉と肉加工製品に関して購買量，価格，需要傾向を図で示し，「消費行動の長期的な変化と需要傾向の基礎をなす属性」[23]を示した。しかしそれらの商品群のみのデータでは，「異なる食品の平均的消費水準の不安定な変動を説明するのは容易ではない」[24]とし，155の食品グループから，25ページの表1-1と表1-2のように需要に対して高水準な成長をみせた製品と，逆に落ち込んだ製品をそれぞれ10品目ずつ取り上げて比較したのである。

RitsonとHutchins(1991)はこれらの表に対して2つの見解を示している。第1に，それらの注目される商品には「インスタント食品かあるいは健康志向食品かのどちらかに結びついている」[25]こと，第2に，これらの食品の例は，価格の変動は影響していないという点を指摘したのである。

（4） 需要に影響を及ぼした要因

では，このような食料消費の変化がどのような要因によってもたらされたのか。RitsonとHutchins(1991)は，需要に影響を及ぼした要因を2つ指摘している。1つは，「伝統的な食事のパターンの崩壊と食事に対

表1-1 需要に対して高水準な成長をみせた製品

食品コード	製品	需要に対する変化率
171	他の新鮮な青物野菜（ほうれん草，ブロッコリーなど）	+29
256	麦食品と全麦パン（米）	+18
205	冷凍チップとインスタントの冷凍ポテト製品	+13
148	すべてのほかの脂肪分（低脂肪スプレッド）	+12
294	インスタントの冷凍シリアル食品（ペーストリー，ピザなど）	+11
202	他の野菜製品（調理済み野菜を含む）	+9
248	フルーツジュース	+8
200	非冷凍のポテトチップと他のポテト製品	+7
231	他の新鮮な果物（メロン，パインアップル，外国産のもの）	+7
117	貝類	+6

〔出所〕 Ritson, C. and Hutchins, R., "The Consumption Revolution," in *Fifty Years of the National Food Survey 1940〜1990,* ed., Slater, J.M., HMSO, UK, 1991, p. 43.

表1-2 需要に対して成長が落ち込んだ製品

食品コード	製品	需要に対する変化率
105	切っていない新鮮な白身魚	-22
168	新鮮なまめ	-16
116	加工されて切っていない脂身のある魚	-15
227	ブドウ以外の新鮮なやわらかい果物（イチゴなど）	-15
198	即席ポテト	-10
51	レバー以外の内臓	-9
315	缶とボトル詰のベビー食品	-8
233/236	缶とボトル詰の果物	-8
199	缶詰ポテト	-7
103	メキャベツ	-7

〔出所〕 表1-1に同じ。

する要求の変化が生じ，それは特に女性就業者数の増大によってもたらされた」[26]と指摘する。

また，2つ目の要因としては，主婦を年齢別に分けて支出される食品の合計をグラフで示し，主婦の年齢に応じた消費の変動を説明している。つまり，「家庭の構造（規模，子供の数など），家の外で食べる食事の割合，そして家庭の所得は主婦の年齢と密接に結びつくと同時に消費のパターンにも影響する」[27]と指摘したのである。

（5） Ritson と Hutchins の研究に関するまとめ

以上のように，Ritson と Hutchins(1991)は，1980年代を中心に，NFS（National Food Survey）のデータにより食料品の消費量の変化を分析し，各商品グループの詳細な推移や特定商品に関する価格・需要・購買データによる分析を通じて，食品の平均消費水準の分析を行なった結果，1980年代に特に簡便食品の消費量が著しく増大をみせたことを明らかにした。そして，このような簡便食品を多用する新たな食生活への転換を消費革命と名付けたのである。しかしながら，次のような問題点が指摘できる。

第1に，所得に対する食料消費支出額の違いが食料消費に大きな影響を及ぼすとして，主婦を年齢別に分類し，主婦の年齢と世帯所得に相関があることから所得が消費パターンにも影響すると説明している。その結果，彼らの分析は，おもに所得要因の分析に偏った研究となってしまっている。食料消費の変化を所得要因によって分析するのは重要であるが，簡便食品は所得の上昇とともに，世帯の変化や食事・調理時間の変化などによって消費が増大したと考えられ，直接，食料消費の変化に関

連するいくつかの要因が同時に検討される必要がある。

　第2に，消費の変化の要因については，「伝統的な食事パターンの崩壊と食事に対する要求の変化が，特に女性就業者数の増大によって」[28]もたらされ，手早く容易に調理できる食品の消費量が増大したとした。しかし，女性の就業者数がどのように変化して消費量の増大がもたらされたのかが研究においては明らかにされていない。このようなRitsonとHutchins(1991)の研究では十分に分析がなされなかった世帯構造の変化と女性の就業化という2つの要因については，第2章において詳しく考察を行なう。

第4節　John SaundersとJim Sakerの研究
　　　　―イギリス消費者の変化とマーケティングの変化―

　SaundersとSakerの論文(1994)「The Changing Consumer in the UK (イギリスにおける消費者の変化)」は，特に1980年代の消費者の変化を，①経済の発展，②人口統計学上の変化と消費，③文化環境(cultural environment)，④マーケティング諸手段の変化という要因から分析している[29]。特に，消費者の変化については，分析の対象をおもに住宅と食料消費の問題に限定しており，サッチャー政権下の民営化の実態から企業のマーケティング手段の変化にまで，広範囲に及ぶ問題を取り上げている。

(1) イギリス経済の発展

　まず，経済発展に関しては，当時の国家事業における民営化の実態について，世界トップクラスの British Airway や British Steel のような代表的な大規模企業の民営化が進んだ当時の状況を説明し，イギリスにおける株主の数が「1979 年の 300 万から 1990 年の 1,100 万まで増大した」[30]とし，サッチャー政権下の経済変化を取り上げている。それに加え，サッチャー政権下の政策の直接的な結果としてのその他の著しい変化については，GDP における公共費を 44% から 40% 未満に減少させたことや，労働組合の会員が 1,200 万から 800 万に激減したこと，さらに家を所有する人の割合が 56% から 67% に増大したことなどを分析している。

　また，1 人あたりの可処分所得の推移や各所得者層の格差問題，そして女性の就業化による労働人口の構造の変化やサービス業の急速な発展による雇用部門の変化を示した。特に，労働人口の構造の変化については，「今日において主婦の 43% がフルタイム，またはパートタイムで働いている」とし，さらに「自営業の数が増大している」ことに触れた[31]。そして，製造業，鉱山等の輸出産業，そして建設業などが，サービス分野，たとえば銀行業，医療機関，ケータリング (catering) 業などの急速な発展によって取って代わることにより，「経済発展における脱工業化段階に突入している」[32]と指摘し，表 1-3 を示したのである。注目すべき点は，消費者クレジットの割合が 10 年もの間，およそ 4 倍に増大していること，さらに，失業の割合は 1983 年に 11.6% にまで達していたということである（第 2 章参照）。

表1-3 経済状況の変化

経済変動	1980	1983	1986	1989	1991
インフレーション（小売価格の前年度対増加率）	18.0	4.6	3.2	7.8	5.8
世帯に与えられる賃金所得（平均収入の前年度対増加率）	なし	2.5	6.3	7.3	4.7
国際収支（当座預金一年間の合計，10億ポンド）	3.5	3.3	0.1	(21.7)	(6.3)
消費者支出（1990年価格に対して，10億ポンド）	155	187	243	330	350
消費者クレジット（1991年価格に対して，10億ポンド）	13.4	18.8	30.1	48.9	53.6
全労働人口（百万）	26.8	26.6	27.8	28.5	28.3
政府雇用（％）	2.9	2.8	2.6	2.5	2.5
失業（％）	6.4	11.6	11.1	6.3	8.1

〔出所〕 Saunders, J. and Saker, J., "The Changing Consumer in the UK," in *International Journal of Research in Marketing*, vol. 11, 1994, p. 478.
〔原典〕 Central Statistical Office, *Annual Abstract of Statistics*, No. 129, London, HMSO.

（2） 人口統計学上の変化と消費

 ２つ目の人口統計上の変化は，各タイプ別の世帯の推移を示し，人口に占めるそれらの割合を分析した。まず，5,720万のイギリスの人口が不均等に分布している実態を取り上げ，人口構成について「過去10年以上も老人人口の増大が生じている」[33]とした。さらに，単身世帯の増大，とくに老人単身世帯の増大が顕著であることや，離婚率の増加，さらにシングル（片親）世帯の増大を指摘し，「生活は，より単独性が増してきた」[34]ととらえたのである。第２章において詳しく考察するが，1980年代のイギリスは世帯規模の縮小と家族構成の変化が顕著であった。

 ３つ目の消費の変化の要因については，1980年代のイギリス消費者の

支出の増大に注目し,「1981 年から 1991 年までの貯蓄は 22 兆 6,200 億ポンドから 13 兆 6,000 億ポンドまで減少し,また貯蓄比率も 12.8% から 4.4% に急落している。同時に,著しい利用頻度をみせるクレジットが 18 兆 9,000 億ポンドから 48 兆 1,000 億ポンドに増大」[35]している実態を取り上げ,さらに住宅市場の状況と消費パターンの変化を詳しく述べている。

まず,住宅については,「消費者による借入れの急成長のほとんどは個人住宅市場で顕著」[36]であり,1980～88 年の間に個人住宅の所有が倍増したと指摘した。しかし 1990 年代になると,家を所有しない傾向が強まり,その理由として,①税率の負担が増えたこと,②購入した住宅の価格が急落する状況が続いたことが影響しているとした。

次に,イギリスにおける消費パターンの変化は,「非耐久消費財の購買が一貫して低下をみせており,サービスの利用が増大」[37]したことに注目した。食品に関しては「健康に対する特殊な傾向,つまり野菜サラダとともに,鶏肉,魚,そして動物油脂を使っていないものが増大」[38]し,牛肉やバターなどの高コレステロール商品はすべてにおいて減少している事が指摘されている。さらにその他には,アルコール消費量の変化や中古車市場の拡大などを取り上げ,個人支出の多くがレジャーやエンターテインメント,そして外食にあてられている消費者行動の変化を明らかにした。

(3) 文化環境

4 つ目は文化環境の変化について,①自然環境問題,②健康問題,③女性の社会的移動の 3 つを検討している。

①の自然環境問題については，人々の多くが「核廃棄物（67%），川への産業廃棄物（75%），熱帯雨林（68%），酸性雨（57%），そして無鉛ガソリン導入（45%）のような問題」[(39)]に関心を寄せている状況に注目し，世界規模で進展していたそれらの環境問題に対する取組みが指摘されている。

次に，②健康問題についてである。イギリス国民にとって重要視される国民健康保険に対して，近年，それに対する消費者の支出が減っていることが大きな問題であるとした。特に，肺がんや肝臓がんなどの死者の増加について取り上げ，健康問題に関する国の取組みについて分析している。

さらに，③女性の社会的移動については，女性の労働への参加と女性の家事労働に関する問題を取り上げている。それは，1980年と1989年の調査結果を比較し，「1980年には67%の人が，婦人の仕事は家を守ることであることに賛成しているが，1989年にはたった31%がそのように考えている」と言及し，イギリス女性の社会に対する姿勢の変化について考察している。

（4） マーケティングの変化

最後はマーケティングに関連した内容である。ここでは，①製品，②価格，③流通，④マーケティング・リサーチ，⑤プロモーションについてそれぞれ分析されている。

まず，①製品については，消費が増大した製品のなかでも，1980年代を特徴付ける製品群には2つがあったとする。それは第1に，ポルシェという車，ローレックス，またはカルティエという時計，モンブラン

というペンのような，おもにイギリス人の上流階級によって購入される高価な商品への要求が増大したこと，第2に，"Body Shop"に代表される若返りと健康に関連した製品の消費が増大した[40]ことである。

次の②価格に関しては，イギリス消費者の価格に対する感受性 (sensitivity) が変化していることを取り上げた。特にそれは「Aldi（アルディ）やIKEA（イケア）のような小売業者と，Superdrug（スーパードラッグ）のようなディスカウント・チェーンの浸透が拡大したことが反映した」[41]結果であるとした（詳しくは第3章参照）。また，「小売業者ブランドの市場シェアは，過去10年以上，ほぼすべての加工食品分野で増大して」[42]おり，これに対しても価格に対する感受性が影響しているとした。

③流通に関しては，過去20年間に大規模小売店舗[43]のシェアが増大したことについて言及し，次ページの表1-4を取り上げた。SaundersとSaker (1994) は「チェーンストアによる売上高は，年1.6%増加しているが，チェーンストアの数は，年4.2%減少している」[44]と述べ，EUのなかでもイギリスは小売業の集中度が高いことに注目した。

④マーケティング・リサーチについては，イギリス企業自らが調査を行なうことはせず，一部の浪費家（企業）によって莫大な資金を使って行なわれた調査結果を，さらに巨額の資金を使って買い取ることが近年のマーケティング・リサーチ会社の傾向であるとし，このような状況を批判した。

最後の⑤プロモーションについては，過去10年以上「広告の支出がGNPの1.30%から1.51%に増大」[45]し，テレビにおける広告の拡大が顕著であると述べた。また，芸術関連のスポンサーについては「1976

表1-4 部門別売上高と大規模店舗のシェア

部　　門	売上高（100万ポンド）			
	1980年	1985年	1990年	1991年
食品	22.4	32.9	48.5	52.1
大規模店舗のシェア	66.5%	73.9%	79.0%	79.8%
衣料品と履物	5.5	8.6	12.2	12.3
大規模店舗のシェア	52.9%	59.5%	62.4%	62.1%
家庭用品	9.3	14.7	22.7	23.8
大規模店舗のシェア	48.2%	55.2%	56.2%	57.7%
その他の非食品	10	15.7	24	24.9
大規模店舗のシェア	34.2%	35.9%	37.7%	38.1%
混合品（Mixed）	10.9	15.9	21.4	21.8
大規模店舗のシェア	72.4%	75.4%	78.8%	79.0%

〔出所〕 Saunders, J. and Saker, J., "The Changing Consumer in the UK," in *International Journal of Research in Marketing*, vol. 11, 1994, p. 484.
〔原典〕 Central Statistical Office, *Annual Abstract of Statistics*, No. 129 and 218, London, HMSO.

年に60万ポンドから1994年の3,300万ポンドと劇的な上昇」[46]があったと指摘し，スポーツ関連のスポンサーや放送関連のものも，1980年代から1990年代を経て急拡大しているとした。

（5） SaundersとSakerの研究に関するまとめ

以上のように，SaundersとSaker(1994)は1980年代のイギリスの消費者の変化について，サッチャー政権下の経済発展，人口動態の変化，消費の変化（住宅所有の問題，食料品や耐久消費財，アルコールの消費傾向，エンターテイメント施設利用などのサービス利用の増大，健康志向など），文化と環境（環境問題，健康保険，女性就業化など），マーケ

ティング手段の変化（高価格商品と健康配慮商品の増大，消費者の価格の感受性の変化，大規模小売業の集中化，広告費の増大など）といった観点から幅広い分析を行なった。ただし，ここでいくつかの論点を指摘しておく。

　イギリスの消費者について，経済発展，人口動態や消費の変化，文化環境，マーケティング手段の変化からそれぞれ詳細に分析しているが，イギリス消費者の個人消費の変化が，それぞれどのようなつながりをもつのかについての言及がなされていない。たとえば，ディスカウント・ストア業態の発展と小売ブランド商品の存在によって，消費者の価格に対する感受性が変化したと指摘するが，各々における価格の変動に関する具体的な分析がなされていない。また，女性の就業化については，イギリスにおける女性の社会的役割や姿勢が変化したという，社会変化の1つの事象としてのみ限定的にとらえており，本来の消費の変化に影響を与えたことに関連づけて分析がなされていない。最後に，食品に関連しては，健康志向食品の消費量の増大についてのみ分析が行なわれており，加工食品や冷凍食品といった簡便食品に関する言及がなされてない点などが論点として指摘できる。

第5節　Ronan Kervenoael らの研究
―イギリスにおける食料購買行動に関する 1980 年代〜2000 年代の動向―

　Kervenoael ら (2006) の研究, 「Macro-level change and micro level effects : A twenty-year perspective on changing grocery shopping behaviour in Britain（マクロの変化とミクロへの影響―イギリス人の食料購買行動の変化に関する 1980 年代〜2000 年代の見解）」と題した論文は, 本書で取り上げた先行研究のなかでもっとも新しい研究であり, おもに 1980 年代から 2000 年代において「小売業が変化したカギ概念」[47]を分析している。特に「店舗選択の変化に伴う地域レベルでの時代を超えた消費者の経験は, （購買行動の）決定的要因となる」[48]と述べ, 消費者の購買行動の変化について, ①社会, 仕事, そして消費, ②小売構造と店舗開発に関する活動 (in-store provision), ③ローカルな店舗選択, ④小売の変化と法律, ⑤小売消費 (retail consumption) という 5 つの視角から分析を試みている。

（1）　社会, 仕事, そして消費
　Kervenoael ら (2006) はイギリス人のライフ・スタイルについて, 「ますます複雑になり, それを明確にするのは困難となった」[49]と述べ, その理由を以下のように指摘した。それは, 「多くの伝統的な仕事であった採鉱, 鉄鋼関連や造船などの多くが 1979 年以降にみられなくなった」[50]とし, サッチャー政権発足から社会が大きく変化し, とりわけ,

人々の仕事の条件を変化させてきたとした。また，当時の女性たちの雇用への関心や期待が高まるなか，「離婚率の上昇，仕事に対する不安の増大，そしてヨーロッパでもっとも多くの時間を働く」[51]といった社会問題があったことについて触れている。さらに，単身世帯とシングル（片親）世帯の増大傾向について指摘し，「平均世帯規模が2002年時点で2.34人にまで低下した」[52]ことを明らかにした。

次に，食事の時間と調理能力について取り上げた。まず，食事の時間については，「食事の時間がばらばらになったのは明らかであり，買い物もまた，同様である」[53]と指摘した。そのなかで，2002年のBBCニュースの記事を取り上げ，近年のイギリスでは，簡便食品への「依存が高まり，その重要性が増した」[54]と述べ，調理に対する消費者の変化を述べた。これに関連して，1980年代後半から2000年代初めまでの消費の動向を，それ以前と比較し，表1-5を示したのである。

表1-5の上半分の表は1980年代を境に消費者のライフ・スタイルや買物行動に変化が生じたことを説明しており，下半分では，簡便食品に対する消費者需要が生じた3つの要因を示している。すなわち，食事の時間的欠如や食事に対する好みの欠如，さらには食事に対する料理知識の欠如が食事に対する消費者需要を複雑に変化させ，その結果，消費者は簡便性を志向するととらえている。

さらに簡便食品については，ファスト・フード店をライバルとしつつも，「わずかに調理が必要な食品のさきがけとなった簡便食品は，主要なスーパーストア・チェーンの役割によって確立された」[55]ことを指摘し，簡便食品の普及について指摘した。さらに，近年の健康食品の消費に関して取り上げ，近年のイギリスの消費者には，「健康，簡便（con-

第5節　Ronan Kervenoael らの研究

表1-5　簡便食品の消費経済

1970年代初めから1980年代中盤	1980年代後半から今日
小規模のローカルなコーナーショップ，ローカルな食品生産 伝統的な家族として定義 世帯ごとに1人の収入 限られた輸送手段 膨大な数の大規模専門ショップ 地方中心部の優位性 現金・小切手での支払い	それぞれの好みやニーズを持つ家庭の個別的な買物行動 他の活動中に買物行動 輸送へのアクセスと技術へのアクセス 時間の制約，就業化 家庭内での調理とストア・フードの利用の利便性 消費者のライフ・スタイルに合まれる食品の料理教育と料理場所 所得と富クレジットカードによる支払い 食品購買活動を個人で楽しむ

時間の欠如

好みの欠如　→　簡便性に対する需要　←　知識の欠如

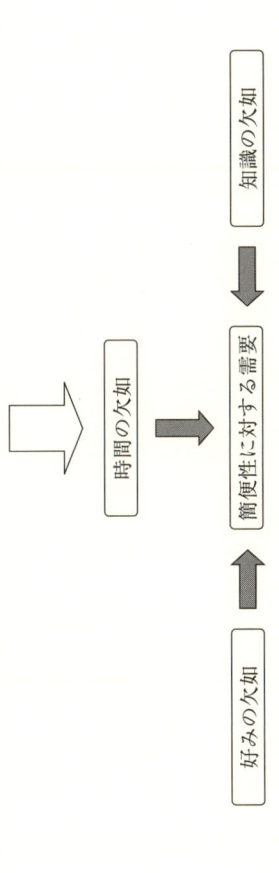

[出所] Kervenoael, R., Hallsworth, A. and Clarke, I., "Macro-level change and micro level effects : A twenty-year perspective on changing grocery shopping behaviour in Britain," in *Journal of Retailing and Consumer Services*, 13, 2006, p.383.

venience), 満足 (pleasure)」がおもな要因として作用するとし,「消費者自身がより気まぐれな,予測できない存在になった」[56]ととらえたのである。

ただし Kervenoael ら (2006) の研究は,食料品の消費量の変化に関する分析が欠落しており,彼らの示す 1980 年代半ばから簡便化へ変化してきたことが,どのように生じてきたのかが明らかになっていない。その意味において,1980 年代からの消費者需要の変化を説明するには限界があると考えられる。

（2） 小売構造と店舗開発に関する活動

ここではまず,イギリス消費者の自家用車の所有の拡大がもたらした影響は大きく,イギリスが巨大な車社会になったことによって「過去20 年もの間,郊外の巨大なスーパーストアの支配的地位がもたらされた」[57]ことを指摘した。さらに,「巨大なスーパーストアにある,多くの低価格小売ブランド商品が,店舗を利用する貧しい消費者の支出能力に適応していた」[58]とし,「主要なターゲット顧客ではない'所得水準の低い人 (lower-spending groups)' にも,制約なしに製品選択を可能にしていた」[59]と当時の状況を明らかにした。そして「それゆえに,小売ブランド商品は,今日のイギリス人における日々の食品購買の主要な部分にまで浸透した」[60]と指摘したのである。それらをふまえ,1980 年から 2005 年までの大規模小売業,上位 4 社（テスコ社,セインズベリ社,セーフウェイ社,アズダ社）の小売ブランドのシェアの変遷を取り上げたのである（詳しくは第 4 章参照）。

次に,設備（空間的な変化と小売のパターン）についてである。ここ

では，テスコ社のロジスティクス革新の例を取り上げ，ロジスティクスの革新がもたらされたのは，「地域流通センター（Regional Distribution Centres）によるものであった」[61]と指摘した（詳しくは第3章参照）。1980年代と1990年代にテスコ社によって先導されたロジスティクス革新は，「イギリスのサプライ・チェーンを直接的につくりかえてきた」[62]と述べ，過去10年もの間，独立店の減少がみられたことを取り上げ，独立小規模店舗の衰退を取り上げた。そして「多くのパパ・ママストアは，コンビニエンス・ストアへと変化した」[63]と指摘したのである。その他にも，テスコ社やセインズベリ社を中心に，「ロイヤリティ・カード」の導入があったことを取り上げ，そのことによって大規模小売業は優位性を得ることができたとした[64]。さらに，4つの主要な小売業者による市場の集中化を取り上げ，イギリスの消費者は，多くの小売業者による企業の合併・買収のせいで，「（消費者の）店舗の選択可能性が減少した」[65]と述べたのである。

（3） ローカルな店舗選択

既述のように，大規模小売業者の市場の集中化に注目したKervenoaelら(2006)は，そのような状況下で消費者の店舗選択はどのような傾向があるのか，という問題に対し，「流動的な多くの消費者は，地域における独占的なチェーン小売業でなくとも，食料品販売店に対する豊富な選択を可能にする」[66]と説明した。

しかしその反面，店舗選択の問題をローカルな地域としてとらえれば，貧困層にみられるような流動的でない消費者にとっては，店舗の選択性を失っていくことから，「フード・デザート（food desert）」問題が

生じることが懸念されると述べ，この問題に関するこれまでの先行研究を取り上げた。それらを踏まえた上で，彼らが調査を行なった結果，「それぞれの世帯，あるいは消費者は，それぞれの買物行動にレパートリー」[67]をもち，巨大になった大規模小売業者の脅威が，社会空間の環境のなかで個別消費者に対する圧力として作用していることを指摘したのである。さらに，ローカルなエリア内であっても，買物行動はより個別的で多様性をもち，実質的に簡素化されていると述べ，「消費者の選択という問題は，ローカルな店舗において販売されている商品でさえも，考察の対象に含める必要がある」と指摘し，よりローカル地域を考慮した緻密な研究の必要性を示したのである。

（4） 小売の変化と法律

ここでは，サッチャー政権下で規制緩和が進み，小売業の変化が生じた背景が取り上げられている。

まず，サッチャー政権発足以前は，小売店舗に対する規制が多かったため，そのことが小売業態の出現を抑制する方向へ作用したと指摘した。1980年代になると規制緩和の方向へ進み，その後，規制緩和の一環として，「1994年に日曜営業，1990年代後半には24時間営業」[68]が施行された。この問題は，都市計画との関わりが深く，その後の1996年の「PPG6（計画政策ガイダンス）」によって，ようやく都市郊外への大型店舗出店の規制緩和が進んだ[69]と言及している。2004年には「PPS6（計画政策指針）」が施行され，さらなる規制緩和が進んでいる実態を取り上げた[70]。

また，土地の所有権に関する規制が「（公正取引委員会と競争委員会

のような中央政府によって扱われた）競争政策から（都市計画システムによって扱われた）店舗開発が物理的に分離したことによって複雑」になり，店舗開発に関する規制と実際の取組みには隔たりがあると指摘した。これについて，本来の政府計画の実施のほとんどは，新しい小売店が出店する際に，既存の小売店の取引や営業にどのような影響を及ぼすかということが判断材料にされると言及し，都市に集中的に出店している場合と，それとは異なる地方のローカルな集中出店とが，同一にとられる恐れがあると指摘したのである。このようにKervenoaelら(2006)は，規制緩和が進む一方で，小売業の出店戦略に及ぼす政策の変化とそれに関する諸問題を取り上げて分析している。

（5） 小売消費 (retail consumption)[71]

規制緩和が進んできた背景を展開したKervenoaelら(2006)は，競争委員会（Competition Commission）の報告書を参考に，消費者の行動と市場規制（market regulation）の隔たりについて分析を行なった。その理由は，Kervenoaelら(2006)が，「食品購買の習慣は，社会，およびローカルな変化に応じて変化し続ける」[72]といった消費者の実態が考慮されないまま，スーパー・マーケットに関する2000年の競争委員会の報告書が発刊されたととらえたためである。要するに，報告書が出した結論では，食品市場が寡占状態であることにのみ，焦点があてられてしまっていることから，「ローカルな消費者に関する研究を埋め込まないことによって，買物行動を理解する機会は失われてしまった」[73]と考えたからである。ここでの彼らの強調する点は，市場調整に消費者の実際の購買行動をつなげて考えること (linking real behaviour to market regulation)[74]

図1-2 過去20年にわたり食品小売業の発展に影響を及ぼした主要な構造と行動の変化

出生率の減少
人口の高齢化
世帯規模の縮小
女性労働の増大
時間の欠乏/豊富なお金

チェーン・ストア業態
チェーン・チャネル，特にe-grocery
非食品サービスの発展
小売ブランド商品の発展
国際化対ローカル小規模店舗

ダイエット/健康への懸念
食品の知識/調理能力
食事の準備時間/単独で食べる
製品の選択
小売業者の選択
規則的な買物行動/ライフスタイル
簡便性

食事の国際化
食品品質への懸念
食品の地産地消と環境問題
食品生産におけるモラル
車の発展

〔出所〕 Kervenoael. R., Hallsworth. A. and Clarke. I., "Macro-level change and micro level effects : A twenty-year perspective on changing grocery shopping behaviour in Britain," in *Journal of Retailing and Consumer Services*, 13, 2006, p. 389.

である。

Kervenoaelら(2006)は，最後に，食品小売業の発展に影響を及ぼしたおもな要因の変化について，図1-2を取り上げた。その内容は，消費者の変化，小売業の変化，消費行動の多様化，広義の社会変化についての要因を要約している。

(6) Ronan Kervenoaelらの研究に関するまとめ

以上のように，Kervenoaelら(2006)は，1980年代～2000年代のイギリス消費者の購買行動を①社会，仕事，そして消費，②小売構造と店舗開発に関する活動，③ローカルな店舗選択，④小売の変化と法律，⑤小

売消費(retail consumption)の5つの要因から多面的かつ,詳細な分析を行なっている。特に,過去20年間の小売業者をめぐる変化としては,小売資本の集中化や規制緩和による郊外型大規模小売店舗の成長,ロジスティクス革新,小売ブランド商品シェアの増大などをあげながら,主要なスーパーストアによってほとんど調理を必要としない簡便食品の利用が増大したことを指摘している[75]。

ただし,第1に,低価格な小売ブランド商品が低所得者層に受け入れられた事実を指摘しているものの,その後,小売ブランド商品が高品質訴求に向かった実態については触れていない。第4章で確認するように,小売ブランド商品戦略は1980年代後半以降に高品質に向かった。第2に,ロジスティクス革新をリードしたテスコ社が,「イギリスのサプライ・チェーンを直接的につくりかえてきた[76]」と述べているが,ロジスティクス革新の必要性,そしてロジスティクス革新が食料消費の変化にもたらした影響については言及がなされていない(詳しくは第3章参照)。

第6節 おわりに

1980年代のイギリスの食料消費は,食生活の簡便化という大きな転換を迎えた(詳しくは第2章参照)。そのような食料消費の変化について,これまで4つの先行研究を検討し,それぞれの問題点を指摘した。

以上を整理すると表1-6のようになる。Dawson(1982),RitsonとHutchins(1991),そしてSaundersとSaker(1994)の研究においては,イ

ギリスの食料消費の変化を，おもに経済，および社会動向の変化，世帯構造や女性の就業化を含めた消費者自身の変化に関連づけて分析している。しかし，Kervenoael ら(2006)は，それらの要因に加え，食品を直接，供給し，提案する主体である小売業の供給サイドからの分析もともになされていた。

消費の変化を小売構造の変化やそれを取り巻く要因から分析を試みた Kervenoael ら(2006)の研究は，換言すれば，小売業の発展によって消費者の購買行動が影響され，変化してきたことを分析した内容であり，消費者サイドと供給サイドの相互連関に注目した研究であった〔表1-6〕。

しかしながら，食料消費に小売業の発展がいかなる影響を与えたのかが Kervenoael ら(2006)においても，なお明らかにされていなかった。つまり，消費者の購買行動の変化を指摘し，さらに小売業の技術革新について触れてはいるが，小売店舗に関する政府の規制が及ぼす消費者への影響に重点がおかれた分析となっていた。

しかし，食料消費の変化は，食品供給サイドからの食市場への多面的な働きかけが影響されると考えられ，その要因として，食品小売業の物流革新だけでなく，直接，消費者に影響をあたえる小売ブランド商品開発戦略にも重点がおかれる必要があると考えられるのである。

これまで食料消費の変化に関する食品小売業者の市場行動に注目した研究は，一部の研究を除き，必ずしも十分になされてこなかった。つまり，これまでは消費者サイドと供給サイドの分析が分断され，消費者の世帯構造や生活様式の変化と，食品小売業者の市場行動との相互連関を具体的に示せなかったと考えられる。このような観点から，図1-3のよ

第6節　おわりに

表1-6　先行研究のまとめと本研究の位置づけ

食料消費の変化に関する分析要因		Dawson (1982)	Ritson & Hutchins (1991)	Saunders & Saker (1994)	Kervenoael & Hallsworth & Clarke (2006)	筆者
消費者サイド	人口動態	○	—	○	—	△
	所得の変化※	◎	◎	○	—	○
	消費支出の変化※	○	○	○	—	○
	消費者信用の利用と貯蓄性向※	○	—	○	○	○
	地理的環境（居住地）の変化	◎	—	—	—	—
	世帯の変化※	○	—	○	—	◎
	労働，及び女性の就業化※	○	△	△	—	○
	品目別消費量の変化	—	◎	○	—	◎
	価格の感受性の変化	—	—	—	△	△
	食事や調理時間の短縮化※	△	—	—	—	○
供給サイド	小売業の集中化	○	—	○	—	◎
	小売ブランド商品戦略※	—	—	—	○	○
	小売業の物流革新※	—	—	—	△	○
	小売店舗の大型化・郊外化	○	—	—	○	△
	ロイヤリティ・カード（小売業）	—	—	—	◎	△
	小売店舗に関する政府の規制	—	—	—	○	—
	マーケティングの変化	—	—	◎	—	—

（注）◎…重点をおく要因　△…限定的に取り上げた要因　※…食生活の簡便化に直接，影響した要因
（出所）Dawson, J.A. (1982), Ritson, C. and Hutchins, R. (1991), Saunders, J. and Saker, J. (1994), Kervenoael, R. Hallsworth, A. and Clarke, I. (2006) より筆者作成。

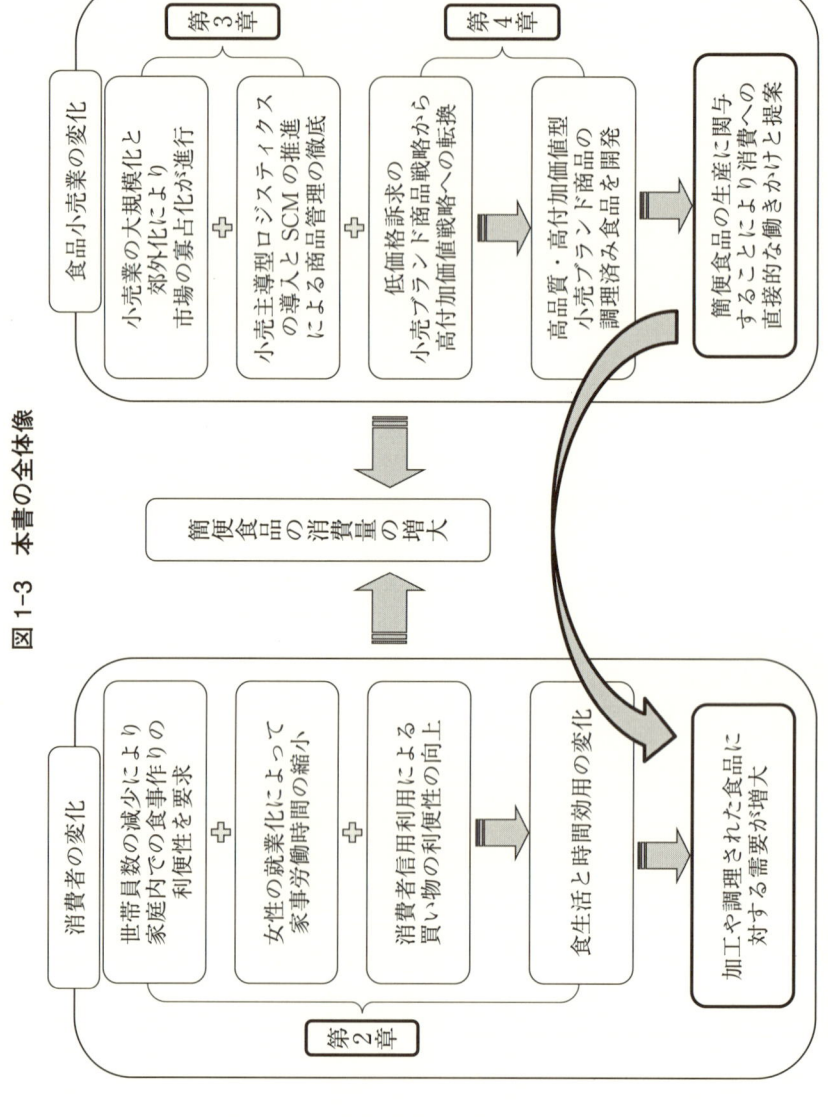

46　第1章　イギリスの食料消費の変化に関する先行研究の検討

図1-3　本書の全体像

食品小売業の変化

- 小売業の大規模化と郊外化により市場の寡占化が進行
- ＋
- 小売主導型ロジスティクスの導入とSCMの推進による商品管理の徹底

【第3章】

- 低価格訴求の小売ブランド商品戦略から高付加価値戦略への転換
- ⇩
- 高品質・高付加価値型小売ブランド商品の調理済み食品を開発

【第4章】

→ 簡便食品の生産に関与することにより消費への直接的な働きかけと提案

⇩

簡便食品の消費量の増大

⇧

消費者の変化

- 世帯員数の減少により家庭内での食事作りの利便性を要求
- ＋
- 女性の就業化によって家事労働時間の縮小
- ＋
- 消費者信用利用による買い物の利便性の向上
- ⇩
- 食生活と時間効用の変化
- ⇩
- 加工や調理された食品に対する需要が増大

【第2章】

〔出所〕筆者作成。

うに，本書は，食料消費の変化を対象に，消費者の世帯構造や生活様式の変化を分析するとともに，食品を供給する食品小売業者の市場行動を分析し，食料消費が市場支配力を高めていった大規模食品小売業者の市場行動にいかなる影響を受けてきたのか，を考察する。その際，消費者サイドの要因として世帯規模と女性の就業化について分析すると同時に，供給サイドの要因として小売業の物流革新と小売ブランド商品戦略を中心に分析する。

（注）

（1） 時子山氏によれば，「（日本における）食生活変化は簡便化を中心に進んでおり，食生活が今後ますます外部化していくことは間違いない。…中略…所得の上昇は，質の高い生鮮品の消費を増加させることもあるが，多くは高付加価値化，つまり加工食品や外食の増加をもたらす。」（時子山ひろみ（2006）「フードシステムからみた食生活の変化」『経済セミナー』619号，15ページ）と述べ，簡便化に関する指摘をしている。本書における'食生活の簡便化'は，生活水準の上昇とともに，食生活において加工食品，冷凍食品やインスタント食品をそれまでよりも多く消費するようになり，簡便食品が食生活のなかで主要なものになってきたことを表す言葉として使用する。特に，家庭で消費される食料品を対象にしているので，外食は除いている。

（2） Dawson, J. A. (1982) *Commercial Distribution in Europe*, Croom Helm, London, pp. 25-76.（前田重朗監訳（1984）『変貌するヨーロッパの流通』中央大学出版部，15〜73ページ。）

（3） *Ibid*., p. 26.（邦訳，16ページ。）

（4） *Ibid*., p. 26.（邦訳，17ページ。）

（5） *Ibid*., p. 29.（邦訳，21ページ。）

（6） *Ibid*., pp. 30-60.（邦訳，21〜55ページ。）

（7） *Ibid*., p. 47.（邦訳，40ページ。）

（ 8 ）　*Ibid.*, p. 50.（邦訳，42 ページ。）
（ 9 ）　*Ibid.*, p. 60.（邦訳，54 ページ。）
（10）　*Ibid.*, p. 61.（邦訳，55〜56 ページ。）
（11）　*Ibid.*, p. 69.（邦訳，65 ページ。）
（12）　*Ibid.*, p. 70.（邦訳，66 ページ。）
（13）　*Ibid.*, pp. 71-72.（邦訳，67〜69 ページ。）
（14）　*Ibid.*, pp. 73-75.（邦訳，70〜72 ページ。）
（15）　*Ibid.*, pp. 75-76.（邦訳，72〜73 ページ。）
（16）　Dawson による最近の消費者研究には，共同研究ではあるが，以下の論文をあげることができる。論文では，近年の簡便食品と健康志向食品における消費者の消費動向を調査，数式を用いた議論を展開しているが，消費者サイドの分析となっている（Shiu, E., Dawson, J. A. and Marshall, D. W.（2004）"Segmenting the convenience and health trends in the British food market," in *British Food Journal*, Vol. 106（2）, pp. 106-127.）。
（17）　Ritson, C. and Hutchins, R.（1991）"The Consumption Revolution," in *Fifty Years of the National Food Survey 1940 ~ 1990*, ed., Slater, J. M., HMSO, UK, pp. 35-46.
（18）　*Ibid.*, p. 35.
（19）　*Ibid.*, p. 36.
（20）　EEC の農産物政策で，EEC 加盟国の農産物価格の安定を目指して 1960 年に結成された。
（21）　*Ibid.*, p. 37.
（22）　*Ibid.*, p. 39.
（23）　*Ibid.*, p. 42.
（24）　*Ibid.*, p. 42.
（25）　*Ibid.*, p. 43.
（26）　*Ibid.*, p. 44.
（27）　*Ibid.*, p. 45.
（28）　*Ibid.*, p. 44.
（29）　Saunders, J. and Saker, J.（1994）"The Changing Consumer in the UK," in *International Journal of Research in Marketing*, Vol. 11, pp. 477-489.
（30）　*Ibid.*, p. 477.

(31) *Ibid.*, pp. 478-479.
(32) *Ibid.*, p. 479.
(33) *Ibid.*, p. 479.
(34) *Ibid.*, p. 479.
(35) *Ibid.*, p. 480.
(36) *Ibid.*, p. 480.
(37) *Ibid.*, p. 481.
(38) *Ibid.*, p. 481.
(39) *Ibid.*, p. 482.
(40) *Ibid.*, p. 483.
(41) *Ibid.*, p. 484.
(42) *Ibid.*, p. 484.
(43) 本書における「大規模小売店舗」とは，イギリスにおいて「大規模店舗 (Large stores)」と分類される 10,000 平方フィート以上の店舗を意味している。ちなみに，イギリスにおける大規模店舗は 10,000〜25,000 平方フィート (900〜2,250 m^2) の店舗規模を有しており，それ以上の 25,000〜50,000 平方フィート (2,250〜4,500 m^2) の店舗規模を有するとスーパーストア (Superstores)，さらに 50,000 平方フィート以上の店舗規模になるとハイパーマーケット (Hypermarkets) として位置づけられ，本研究ではこれらを含める。(Institute for Retail Studies (1988) *Distributive trades profile : A statistical digest*, London, p. 72)
(44) Saunders, J. and Saker, J., *op. cit.*, p. 484.
(45) *Ibid.*, p. 485.
(46) *Ibid.*, p. 485.
(47) Kervenoael, R., Hallsworth, A. and Clarke, I. (2006) "Macro-level change and micro level effects : A twenty-year perspective on changing grocery shopping behaviour in Britain," in *Journal of Retailing and Consumer Services*, Vol. 13 (6), p. 381.
(48) *Ibid.*, p. 381.
(49) *Ibid.*, p. 382.
(50) *Ibid.*, p. 382.
(51) *Ibid.*, p. 382.

(52) *Ibid.*, p. 382.
(53) *Ibid.*, p. 382.
(54) *Ibid.*, p. 383.
(55) *Ibid.*, p. 383.
(56) *Ibid.*, p. 383.
(57) *Ibid.*, p. 384.
(58) *Ibid.*, pp. 384-385.
(59) *Ibid.*, p. 385.
(60) *Ibid.*, p. 385.
(61) *Ibid.*, p. 385.
(62) *Ibid.*, p. 385.
(63) *Ibid.*, p. 386.
(64) *Ibid.*, p. 386.
(65) *Ibid.*, p. 386.
(66) *Ibid.*, p. 387.
(67) *Ibid.*, p. 387.
(68) *Ibid.*, p. 388.
(69) *Ibid.*, p. 388.
(70) *Ibid.*, p. 388.
(71) DaviesとWardによれば，'小売消費'とは，「経済組織として，伝統的な小売の役割を考察する傾向はいままでにあった。…中略…高度に発展した社会のより多くの消費ニーズが満たされる本質的なメカニズムとして，小売を見ること」であるとし，歴史研究を通じて小売の役割や機能が変化し，近年の多様化した消費者に対して小売はどうあるべきかを分析する分野である。その研究範囲は，小売業の歴史からマーチャンダイジング，さらには消費者の生活の変化にまで及ぶ。(Davies, B. J. and Ward, P. (2002) *Managing Retail Consumption*, John Wiley & Sons Ltd, pp. 2-3.)
(72) Kervenoael. R., Hallsworth. A. and Clarke. I., *op. cit.*, p. 389.
(73) *Ibid.*, p. 389.
(74) *Ibid.*, p. 389.
(75) *Ibid.*, p. 383.
(76) *Ibid.*, p. 385.

第2章

イギリス食料消費の変化と世帯の変化

第1節　はじめに

　先行研究を通じて検討したイギリスの食料消費の変化に影響を与えた諸要因には，消費者自身の変化という消費者サイドの要因のみならず，食料品を提供する供給サイドからの影響要因についても確認することができ，それらは本研究にとって多くの示唆を与えるものであった。
　それらをふまえ本章では，先行研究で示された消費者サイドの分析を補完する位置づけとして分析を行なう。まず，1980年代の経済状況の変化をとらえ，1980年代がどのような経済状況下であったのかを，特に個人の貯蓄性向を中心に明らかにする。次に，食料消費がどのように変化したのかについて，HMSOの統計資料を検討し，1980年代からの食料消費がどのような傾向と特徴があったのかを分析する。さらに，なぜ1980年代から食生活の簡便化が進んだのかを明らかにするため，それをもたらした消費者サイドの変化を，特に，世帯規模の縮小と女性の就業化を中心とした世帯の変化を分析して明らかにする。

第2節　経済状況の特徴
―個人債務残高の増大と貯蓄率の低下を中心に―

　1980年代から90年代半ばにかけての経済分析は，それに関わる諸問題を詳細に検討する必要があるが，広義の経済状況を論ずることがここでの課題ではないことから，おもに食料消費に関連する所得，消費支出，貯蓄性向の3つの諸要因に限定して分析する。

　既述の先行研究からも明らかなように，第2次世界大戦後，イギリス国民の所得の上昇とともに，生活水準の上昇がもたらされた[1]。戦後の復興期に続いた配給制度がその後になくなり，徐々に食事に対する国民の選択の幅は拡大することとなった。

　図2-1が示すように，イギリスは順調な所得水準と消費支出の上昇がみられた。食料支出額は1977年の160億4,700万ポンドから1996年の520億2,400万ポンドへと増加したのであるが，総消費支出額に占める食料支出額の割合は減少を続け，ピークだった1977年の18%から1996年の約11%に減少することとなった。消費支出に占める食料支出が減少するなかで，その他の分野において賃金所得者の購買力が増大した。

　しかし，興味深いのは所得に対する貯蓄の割合，つまり貯蓄性向についてである。1970年代から1980年代初めにかけて，平均およそ10～12%を維持していた貯蓄の割合が，1985年から1988年にかけて6.2%にまで減少することとなった。その理由はいくつか考えられるが，

第2節　経済状況の特徴　53

図2-1　イギリスの経済指数の変化

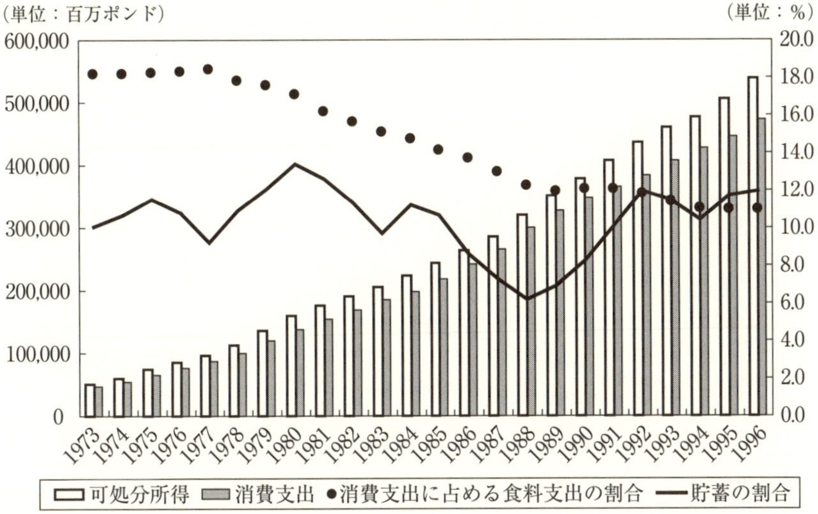

（単位：百万ポンド）　　　　　　　　　　　　　　　　　　　　　　　　（単位：％）

□ 可処分所得　■ 消費支出　● 消費支出に占める食料支出の割合　― 貯蓄の割合

〔出所〕　Central Statistical Office, *United Kingdom national accounts*（No. 1984～1997）, London, HMSO より筆者作成。

1980年代初頭以降しばらく住宅購入のブームが続いたことや，後述する消費者信用利用の影響があった。

住宅購入のブームに関連しては，図2-2に示されているように，1980年代半ば以降，住宅を購入するケースが増え，支出額は1996年時点で約384億ポンドにのぼる。それとともに，生活のステータスとしての自動車の購入は同じく，約230億ポンドにのぼり，さらには，ケータリング（catering）の利用という，いわば，バイキング形式で食事や飲み物を提供するサービスを利用する状況も増え，同じく，407億ポンドにのぼっている。

さらに，補足ではあるが，1週間の平均世帯支出額を1984年と1995

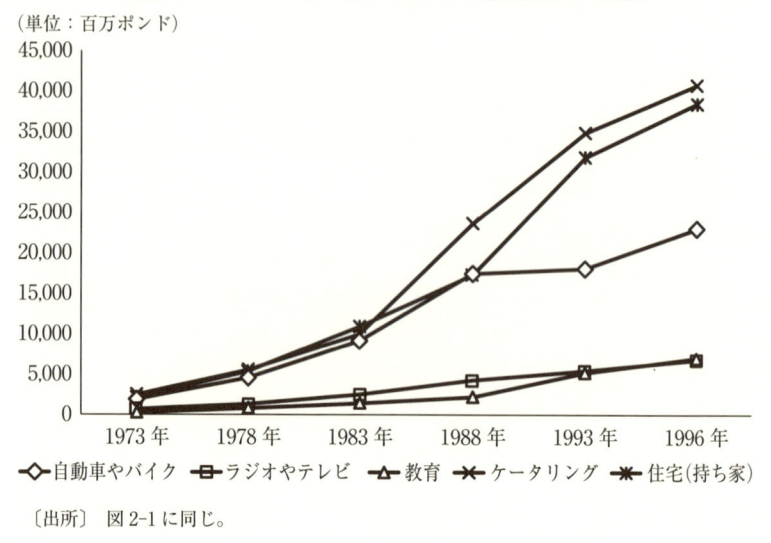

図2-2 イギリスにおけるおもな消費支出の変化

(単位:百万ポンド)

凡例: ◇自動車やバイク　□ラジオやテレビ　△教育　✕ケータリング　✳住宅(持ち家)

〔出所〕 図2-1に同じ。

年を比較した場合でみると，洋服，アルコール，タバコなどの商品に関しては減少しているものの，家庭用品が24.3ポンドから30.2ポンドに，家庭サービスが11.9ポンドから19.5ポンドに，さらには，レジャーサービスが21.5ポンドから41.2ポンドにそれぞれ支出額が増加している[2]。

つまり，住宅購入のブームが生じたことや自家用車の購入，家具や家電の購入の増大，さらにはレジャーへの支出が増え，消費支出に占めるこれらの支出が拡大したのである。

第1章においてDawson(1982)を通じてすでに確認したように，この時期のイギリスは，インフレーションの加速によって貯蓄へのインセンティブが弱まり，耐久消費財の購入の増大がもたらされた。それに加

え，このような耐久消費財の購入のために，クレジット・カードのような短期の信用が利用される状況が広まっていったのである。これに関連して斉藤(1994)は，1979年と1989年の利用額対比において，マスター・カード（Master Card）が約5.7倍に，ビザ・カード（VISA Card）が約5.5倍にそれぞれ増加したことを明らかにした[3]。

ところが，この貯蓄性向についてGlyn(1989)は，「1979年から1988年にかけての時期における個人消費の増大の3分の1は，可処分所得の増大ではなく，貯蓄率の低下を反映するものであった」[4]と述べ，所得の急激な増大が消費の増大をもたらしたのではなく，貯蓄率の低下が消費の増大に影響した結果であるとした。また，個人の可処分所得の構成については，「雇用からの可処分所得（租税，社会保険，利払いを控除後の）が，1979年から1987年にかけての時期には，ほとんど全く増加していない（年平均0.2%）ということがみられ，1987年までの消費の増加が賃金所得者の購買力の増大によるものではない」[5]とし，消費の増大が貯蓄率の低下によって支えられた。

これに関連して西村(1990)はBrittonらの研究（1989）を引用し，「実質消費支出は，1986年5.8%，1987年5.6%，1988年6%の増であり，個人貯蓄率は1985年の9.5%から1988年の2%へと大きく下がっている。これは消費者信用の利用によるところが大きく，個人可処分所得に対する消費者信用債務残高の比率は1985年10%から1988年14%と上昇」[6]していると指摘した。すなわち，貯蓄率は消費者によって利用された消費者信用の増大によって急激な低下がみられたのである。

さらにイギリスの主要な小売業者は，周知のように，M&S（マークス・アンド・スペンサー）などの一部の小売業においてであるが，すでに

1985年から小売業専用のクレジット・カードを導入し，一般のクレジット・カードとともに利用が増大した(7)。これに関連して，斉藤(1994)によれば，「典型的な小切手社会とされていたイギリスにおいてクレジット・カードの利用がここまで伸びた原因としては，個人消費が好調であったことが最大の原因であるが，その他にもマークス・アンド・スペンサー（総合スーパー）やシアーズ・グループ（百貨店，ファッション・チェーンなど）などの大手小売業者が販売力強化と顧客の定着化を狙って自社専用のクレジット・カードの発行をはじめ順調に業績を伸ばしたのに対抗して銀行系のクレジット・カード会社が加盟店の増強や新規会員の獲得に力を注いだことが大きく影響」(8)したとされる。

　確かに，1985年にM&Sを筆頭に，いくつかの小売業者らがカード業務に参入を試みている。参入の形式が，カード会社との提携か，それとも自社で立ち上げるかのいずれかではあったが，実際に1980年代後半にカード業務の活性化を促してきたのは，M&Sと生協（Co-op）(9)であった。

　ただし，厳密にとらえなおすと，小売業者らによる消費者信用への取組みが本格化するのは，1995年からであった(10)。すなわち，1985年にM&Sなどが自社クレジット・カード業務をスタートさせてから約10年後の1995年以降に，上位4社である，テスコ社，セインズベリー社，セーフウェイ社，アズダ社がポイント・プログラムをスタートさせ，小売業者らによる消費者信用の取組みが本格化したのである。

　これに関連して，世帯内の消費者信用利用の内訳を1990年時点でみると，銀行クレジット・カード融資の割合は全体の17%，銀行ローンが64.2%，金融会社が11.9%，保険会社が2.2%，そして小売業者が

4.7%[11]にとどまっており，小売業者によるクレジット・カード業務の割合は，全体の5%に満たない。したがって，1980年代から90年代にかけての消費者信用の利用の多くは，銀行系のクレジット・カード融資であったことになる。

　ちなみに，世帯の年末信用残高は，1981年に155億ポンドだったものが1990年時点で約526億ポンドにのぼり，およそ10年間で3.4倍に増大した[12]。

　これらが指摘するのは，特に消費の増加と賃金所得者の購買力の増大がお互い影響していないという点であり，消費の増大は貯蓄率の低下がおもな要因であった。そのことはクレジット・カードを多用する生活が普遍化し，買物行動そのものの利便性を高めてきたのであった。さらに，一般のクレジット・カードによる消費者信用の利用だけでなく，大規模小売業者は自社のカード業務を活性化し，販売力の強化と顧客の定着化を目指すこととなった。クレジット・カードによる買い物は，小売店舗にとって，1店舗での買い物の総額を引き上げる方向に作用し，顧客確保にも貢献したのであった。1980年代後半の貯蓄率の低下は，既述の住宅購入のブームとともに，消費が拡大したことによる影響が大きかったのである。

第3節　食料消費の変化とその特徴

　1980年代以降のイギリスの食生活の変化についてとらえるには，少なくとも第2次世界大戦後の復興期にさかのぼって長期的なスパンにお

いてそれを検討する必要がある。しかし，肉や魚，野菜[13]といった食材の消費量の変化をみるにはそれが有効であると思われるが，加工食品や冷凍食品の消費量における変化，すなわち簡便化の事実を把握するには，時期を限定して分析の焦点をしぼり，関連する食品の消費量の比較をすることで十分である。したがって，1980年代から90年代半ばにかけての簡便食品に分類される食品の消費量の変化について検討する。

　1980年代の食生活については，「家族構造の変化があり，食生活における新しい傾向（健康志向の食生活）と調理済み食品（家庭内および外食でのファスト・フード）の出現があった。…中略…消費される商品の種類と数量が大きく変化し，それとともに食品小売業者も変化」[14]した，というBurtとSparks(1999)による指摘からも明らかなように，1980年代は食生活が著しく変化した時期であった。すなわち，それまでの「何を食べるか」という食生活から，いかなる食品を「どう食べるか」といった生活様式の変化がみられ，それによる多様な消費者需要が生まれた。

　まず，RitsonとHutchins(1991)の指摘によれば，いくつかの食品は製品の形状そのものが長い年月の間に変化したものがあるとし，たとえば，肉の場合，調理されて見栄えがよくされたものや，何らかの形ですでに加工した肉製品が購入される割合が1980年代に増大した。それはいわゆる，かたまりの肉を購買することから，食べやすい大きさにカットされたものを購買することへと変化したことを含んでおり，加工技術が進化したことも意味しているものと思われる。また，牛肉と羊肉の消費量については，減少してきているとはいえ，この減少は家禽肉の劇的な上昇によって補われていることも，彼らの研究によって明らかとなっ

た⁽¹⁵⁾。

表2-1は，1973年から1995年までの食品の消費量の変化が顕著であったものをあげている。まず，牛肉，羊肉，豚肉においては，1980年代前半において増大がみられるものの，1990年代にかけては減少をしている。これはRitsonとHutchins(1991)がすでに指摘したように，家禽肉や調理済みのチキンなどに代替されていったことや，さらには，1990年代からの健康志向の食品の消費量が増大したことも影響していると思われる。

また，魚の缶詰や，冷凍魚は1980年代と1990年代にかけて増大をみせているが，缶詰ビーンズは1980年代後半から，小麦粉やジャガイモなどは1980年代初めから減少しているのがうかがえる。

加工や調理，冷凍された食品を，総じて簡便食品と位置づけるならば，簡便食品の消費量の増大は，多くのものをもたらすこととなった。たとえば，「慣れない食材探しの手間やその調理法を調べる面倒を省いて，外国料理を家庭に普及」させたことや，「外国食品の大量消費」をもたらしたこと，さらには，「膨大な数の既婚女性の社会的役割の変化」を可能にした点⁽¹⁶⁾などであろう。

表2-2は，表2-1においてみられた簡便食品の消費量がどのように変化したのかをわかりやすくするため，1984年と1995年の比較を行なったものである。RitsonとHutchins(1991)は1980年代のみを考察し，当時の簡便食品への移行を指摘したが，その傾向は1990年代になっても継続している。比較した消費量の単位は，1週間1人あたりの消費量（グラム）である。興味深いのは，およそ12年の間に，何らかの手が加えられた食品，つまり，冷蔵，または冷凍食品などの簡便食品が，多く

表 2-1　イギリスにおいて消費量が変化したおもな食品

年	1973	1976	1979	1982	1985	1988	1991	1994	1995
牛肉と子牛肉	179	216	234	200	185	180	152	131	121
羊肉と子羊肉	126	119	121	102	93	78	86	54	54
豚肉	85	82	103	114	98	94	82	77	71
調理されていないベーコンとハム	125	114	123	112	105	99	85	77	76
調理されたベーコンとハム（缶詰を含む）	26	28	31	33	32	32	33	38	39
家禽肉と調理済みチキン	173	170	193	194	196	229	216	229	237
調理されていないソーセージ	97	93	99	94	84	70	62	61	63
魚の缶詰	19	18	15	18	20	25	30	30	29
冷凍魚の製品	30	36	36	47	47	44	43	44	46
小麦粉	149	171	163	150	115	103	81	62	57
ジャガイモ（加工済みを除く）	1302	1001	1236	1165	1162	1033	959	812	803
生の緑黄色野菜	354	323	308	319	276	293	259	245	225
缶詰ビーンズ	107	113	116	118	126	132	123	111	117

〔注〕　単位は1週間1人あたりの消費量（グラム）である。
〔出所〕　Central Statistical Office, *Annual Abstract of Statistics*, London (No. 116〜133), HMSO より筆者作成。
〔原典〕　Ministry of Agriculture, Fisheries and Food (National Food Survey)

表2-2 イギリスにおいて消費量が変化した食品の増減率(1984年と1995年の比較)

消費量が増大したおもな食品	消費量が減少したおもな食品
調理されたベーコンとハム（缶詰を含む）（＋20%）	調理されてないベーコンとハム（－25%）
家禽肉と調理済みチキン（＋16%）	調理されてないソーセージ（－26%）
魚の缶詰（＋45%）	牛肉と子牛肉（－32%）
冷凍野菜（＋35%）	羊肉と子羊肉（－43%）
冷凍ポテト製品（＋24%）※	豚肉（－24%）
冷凍魚（＋5%）	レバー以外の内臓（－63%）
バナナ（＋112%）	生の緑黄色野菜（－26%）
フルーツジュース（オンス）（＋63%）	ジャガイモ（加工済みを除く）（－29%）
	小麦（－54%）

（注1）1週間1人あたりの消費量（グラム）の比較である。
（注2）※印の項目は1989年と1995年を比較した数値である。
〔出所〕表2-1に同じ。

消費されるようになったという点である。

一方，加工されていないものや調理されていない食品の消費量が減少している。たとえば，'ベーコンとハム'の項目をみると，およそ12年の間に調理されていないものは25%減少しており，調理されたものは20%増大している。その他のものも，調理や加工された食品への移行がうかがえ，このことが少なくともイギリスにおいてBSE[17]が発生した1996年までの大きな食料消費の特徴の1つであった。

第4節　単身世帯の増大と世帯規模の縮小

このような食料消費の変化を食生活の簡便化ととらえるならば，食生活の簡便化がもたらされた要因分析については，消費者サイドの要因として所得の上昇や支出の変化といった経済的要因が直接，関連づけられ

ると思われる。

　しかしながら，世帯そのものを重点的に扱う理由は，簡便化を根本的に促してきた要因がおもに世帯内の変化によって生じてきたと考えられるからである。それは，世帯員数が減少したことによって1人分，もしくは少人数の食事を準備する手間を省くために簡便食品が志向されたことや，共働きの割合が増大することによって，女性の労働時間の増加にともなって相対的に家事労働時間が減少し，調理済みの食品を多く購買するようになるなど，世帯内の変化によって簡便食品が志向されてきたと考えられるからである。

　まずは，当時の人口動態についてである。表2-3にみられるように，第2次世界大戦後に大幅に人口が増大しているものの，1971年からは15歳以下の子供の減少と，それとは対照的な75歳以上の人口の増大がみられる。他の先進主要国と同様，イギリスも少子高齢化社会が形成された。

　当時イギリスの世帯平均の家族数は，1971年の平均2.91人から1998年の平均2.36人へと減少した。特に図2-3のように，1人暮らし，つまり単身世帯は1971年に17％であったが，1998年には29％に増大し，単身世帯が世帯全体の約3割に達した。他方，3人以上の世帯は減少しており，世帯規模は縮小したのである。

　図2-4は世帯タイプの変化を示している。1961年から1991年までの間，単身世帯は1961年の3.9％から1991年の10.7％へと増大しており，子供をもたない夫婦と子供を扶養しているシングル（片親）世帯が増大している。他方，子供を扶養している世帯は1961年から1991年までに11.4ポイントの減少がみられた。

第4節 単身世帯の増大と世帯規模の縮小　63

表2-3　イギリスにおける性別・年齢別の人口構造の変化

(単位：百万)

(年)		0〜14	15〜29	30〜44	45〜59	60〜64	65〜74	75歳以上	合計
男性	1941	5.1	3.5	4.6	3.9	1.1	1.4	0.5	20
	1951	5.8	5	5.5	4.5	1.1	1.6	0.7	24.2
	1961	6.3	5.2	5.2	5.1	1.2	1.6	0.8	25.5
	1971	6.9	6	4.9	5	1.5	2	0.8	27.2
	1976	6.6	6.3	5.1	4.8	1.5	2.2	0.9	27.4
	1980	6	6.5	5.5	4.8	1.3	2.3	1	27.4
	1981	6	6.5	5.5	4.7	1.4	2.3	1	27.4
	1982	5.7	6.7	5.6	4.6	1.5	2.2	1.1	27.4
	1983	5.7	6.7	5.6	4.6	1.5	2.2	1.1	27.4
	1985	5.6	6.8	5.7	4.6	1.5	2.2	1.2	27.6
	1986	5.6	6.9	5.8	4.6	1.5	2.2	1.3	27.6
女性	1941	5	5.7	5.7	4.6	1.3	1.7	0.8	24.8
	1951	5.6	5.2	5.7	5.1	1.4	2.1	1.1	26.1
	1961	6	5.1	5.3	5.5	1.5	2.4	1.4	27.3
	1971	6.5	5.8	4.9	5.2	1.7	2.8	1.8	28.7
	1976	6.3	6.1	4.9	5	1.7	2.9	2	28.8
	1980	5.8	6.2	5.4	4.9	1.5	3	2.1	28.9
	1981	5.7	6.3	5.4	4.8	1.6	2.9	2.3	29
	1982	5.5	6.4	5.5	4.8	1.6	2.9	2.3	28.9
	1983	5.4	6.5	5.5	4.7	1.7	2.8	2.3	28.9
	1985	5.3	6.6	5.6	4.7	1.7	2.8	2.4	29
	1986	5.3	6.6	5.7	4.6	1.6	2.8	2.4	29.1
		0〜15		16〜39		40〜64	65〜79	80歳以上	合計
男性	1988	5.9		10.3		8	2.9	0.6	27.8
	1989	5.9		10.3		8.1	3	0.6	27.9
	1990	6		10.3		8.2	3	0.6	28
女性	1988	5.6		10.1		8.2	3.9	1.4	29.3
	1989	5.6		10.1		8.2	3.9	1.4	29.3
	1990	5.7		10		8.3	3.9	1.5	29.4

〔注〕　この表は84年，87年を除いた79年から92年までの内容を若干修正してまとめたものである。資料の統一性を重視し，他からの資料は使っていない。なお，2011年時点の総人口数は約6,264万人である。

〔出所〕　Central Statistical Office, *Social trends*（No. 9〜30）, London, HMSO より筆者作成。

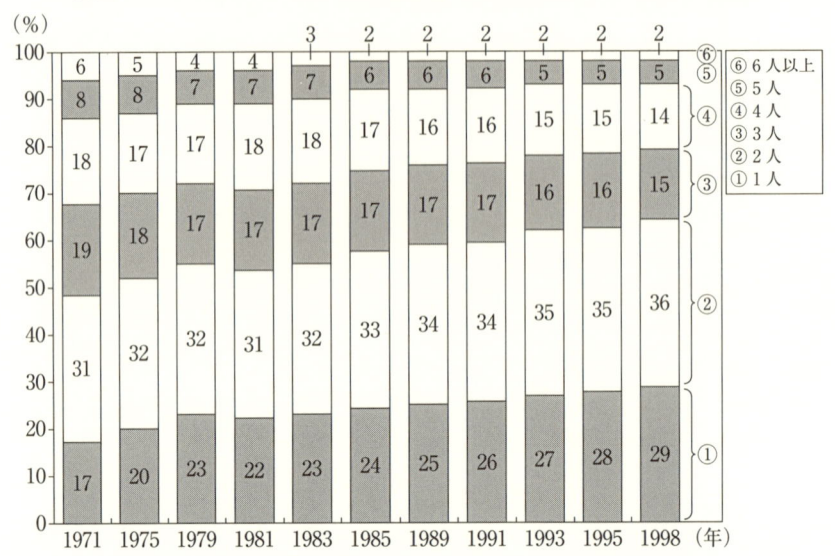

図 2-3 イギリスにおける世帯規模（世帯構成員数）の変化の推移

(%)	1971	1975	1979	1981	1983	1985	1989	1991	1993	1995	1998
⑥ 6人以上	6	5	4	4	3	2	2	2	2	2	2
⑤ 5人	8	8	7	7	7	6	6	6	5	5	5
④ 4人	18	17	17	18	18	17	16	16	15	15	14
③ 3人	19	18	17	17	17	17	17	17	16	16	15
② 2人	31	32	32	31	32	33	34	34	35	35	36
① 1人	17	20	23	22	23	24	25	26	27	28	29

（注）世帯員数の平均は 2.91 人（1971 年）から 2.36 人（1998 年）に減少している。
〔出所〕 Office of Population Censuses and Surveys, *General Household Survey : an interdepartmental survey*（No. 13, 16, 20, 22, 24），London, HMSO.
Office of Population Censuses and Surveys, *Living in Britain : results from the General household survey*（No. 1994,1995,1998,2001），London, HMSO より筆者作成。

　子供を扶養するシングル（片親）世帯の増大は，おもに離婚率の増大が影響したものと考えられる。要するに，「かつて EC 諸国のなかでも低い離婚率をみせていたイギリスであったが，この四半世紀に 6 倍以上の伸びを示し，1989 年時点では EC 諸国のなかでトップに位置されるにいたった」[18]ことからも，当時のイギリスでは大幅な離婚率の増大があった。

　これに関連して布施（1989）は，さらに，「女性の社会への進出も関連しているが，それとともに失業やそれによる貧困，地域社会の解体と

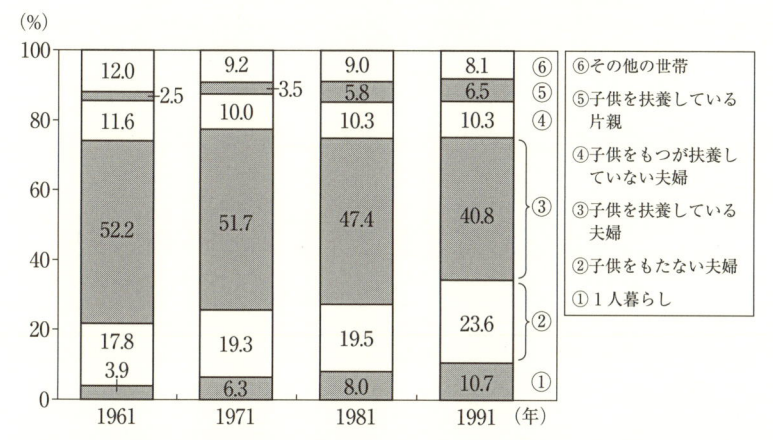

図2-4 イギリスにおける世帯タイプの変化

年	①1人暮らし	②子供をもたない夫婦	③子供を扶養している夫婦	④子供をもつが扶養していない夫婦	⑤子供を扶養している片親	⑥その他の世帯
1961	3.9	17.8	52.2	11.6	2.5	12.0
1971	6.3	19.3	51.7	10.0	3.5	9.2
1981	8.0	19.5	47.4	10.3	5.8	9.0
1991	10.7	23.6	40.8	10.3	6.5	8.1

(注)「子供をもつが扶養していない夫婦」とは,扶養対象が独立,留学などの理由で夫婦と同居していない状態を意味する。
〔出所〕 Central Statistical Office, *Social trends* (No. 22～24), London, HMSO より筆者作成。

いった社会全体の動きが影響した」[19]と指摘していることからも,単に女性の社会進出の増大によって家族構造が変化しただけではなく,失業や女性の社会進出に伴った女性に対する社会認識の変化などの要因が影響したのであった。

以上のように,1980年代の世帯構造は,単身世帯とシングル(片親)世帯の増大,さらには子供をもつ家庭の減少傾向がおもな特徴であった。いわゆる,伝統的な家族形態としての大家族から核家族化が進展し,世帯員数の減少がもたらされたのである。特に,単身世帯の増大は,食生活において1人分の食事を用意する不便さから簡便食品が志向されたものと考えられる。世帯の人数が減少すれば,一世帯あたりの消費量も小さくなる。1人分,もしくは少人数分を,容易に早く調理でき

るという利便性を志向し，簡便食品の消費量の増大がもたらされたと考えられるのである。このことは次に分析する女性の就業化にも関連している。

第5節　女性の就業化と家事労働時間の減少

ここでは，食生活の簡便化に影響した要因としての女性の就業化と，それによる家事労働時間の減少について考察する。

まず，表2-4は，1977年から1995年までの男女別の就業人口の変化を示している。男女ともに1981年に大幅な減少がみられたものの，特に女性は，1980年代半ばから後半にかけて就業人口が増大している。就業人口の増加率をみると，女性においては，1985年に3.7%，1989年には4.0%と，それぞれ高い増加率を示している。就業人口に占める女性の割合も1977年の41%から1995年の50%に増加しており，女性の就業化が進展した。

また，表2-5は，各年における平均失業人口と失業率の変化を示している。1980年に失業人口は160万人にのぼり，その数は1986年まで増加を続けた。もっとも高い失業率を示したのが，1982年の男性の失業率で，15%にのぼっている。

女性の場合も1986年にピークをむかえ，失業人口が100万人を超えている。1986年の全体で約329万人という失業人口はその後に減少しているものの，1993年には再び10%を超える失業率を記録することとなった。1980年代はとりわけ，サッチャー政権下で国営企業の民営化

第5節　女性の就業化と家事労働時間の減少　67

表 2-4　イギリスにおける就業人口の変化と増加率

年	男性 (千人)	女性 (千人)	合計 (千人)	増加率〔前年比〕		就業人口に占める 女性の割合 (％)
				男性	女性	
1977	13,363	9,255	22,618	—	—	41
1978	13,385	9,372	22,757	0.2	1.3	41
1979	13,380	9,540	22,920	0.0	1.8	42
1980	13,110	9,401	22,511	−2.0	−1.5	42
1981	12,264	8,935	21,199	−6.5	−5.0	42
1982	12,176	9,110	21,286	−0.7	2.0	43
1983	11,940	9,118	21,058	−1.9	0.1	43
1984	11,841	9,203	21,044	−0.8	0.9	44
1985	11,967	9,542	21,509	1.1	3.7	44
1986	11,903	9,691	21,594	−0.5	1.6	45
1987	11,698	9,886	21,584	−1.7	2.0	46
1988	11,970	10,257	22,227	2.3	3.8	46
1989	11,992	10,668	22,660	0.2	4.0	47
1990	12,049	10,806	22,855	0.5	1.3	47
1991	11,530	10,731	22,261	−4.3	−0.7	48
1992	11,228	10,703	21,931	−2.6	−0.3	49
1993	10,952	10,660	21,612	−2.5	−0.4	49
1994	10,921	10,739	21,660	−0.3	0.7	50
1995	11,046	10,863	21,909	1.1	1.2	50

〔出所〕　Department of Employment, *Employment gazette* (No. 88～103), London, HMSO より筆者作成。

が多く進められ、それらに関連した多くの失業がうまれた時期でもあった。

では、そのような時期に、女性のフルタイム、パートタイム労働はそれぞれどのような傾向があったのか。それを表しているのが、図 2-5 と図 2-6 である。特に、未婚女性と既婚女性に分けて考察する。

まず、未婚女性の場合、図 2-5 のように、フルタイム労働の割合は

表 2-5　各年におけるイギリスの平均失業人口と失業率の変化

年	男性平均 人数(千人)	男性平均 失業率(%)	女性平均 人数(千人)	女性平均 失業率(%)	合計 人数(千人)	合計 失業率(%)
1980	1,180.6	8.3	484.3	4.8	1,664.9	6.8
1981	1,843.3	12.9	677.0	6.8	2,520.3	10.4
1982	2,133.2	15.0	783.6	7.9	2,916.8	12.1
1983	2,218.6	13.8	886.0	8.4	3,104.6	11.7
1984	2,197.4	13.5	962.5	8.9	3,159.9	11.7
1985	2,251.7	13.7	1,019.5	9.1	3,271.2	11.8
1986	2,252.5	13.7	1,036.6	9.1	3,289.1	11.8
1987	2,045.8	12.5	907.6	7.8	2,953.4	10.6
1988	1,650.5	10.1	719.9	6.1	2,370.4	8.4
1989	1,290.8	7.9	507.9	4.2	1,798.7	6.3
1990	1,232.3	7.6	432.2	3.6	1,664.5	5.8
1991	1,737.1	10.7	554.9	4.6	2,292.0	8.0
1992	2,126.0	13.3	652.6	5.4	2,778.6	9.8
1993	2,236.1	14.0	683.1	5.6	2,919.2	10.4
1994	2,014.4	12.6	622.1	5.1	2,636.5	9.4

〔出所〕表 2-4 に同じ。

1973 年の 62% から 1995 年の 39% に減少している。しかし，パートタイム労働の割合は増加しており，1973 年の 9% から 1995 年には 21% に増加した。

次に，既婚女性の場合，図 2-6 のように，同じく 1973 年から 1995 年までに，フルタイム，パートタイム労働のいずれにおいても増加しており，合計で 53% から 69% に 16 ポイントの増加がみられた。未婚女性ともっとも異なる点は，経済活動を行なわない既婚女性が 1973 年の 46% から 1995 年の 27% へ，19 ポイントも減少していることである。これはフルタイム，またはパートタイムといった，既婚女性が何らかの

第5節 女性の就業化と家事労働時間の減少　69

図2-5　イギリスにおける未婚女性の就業率の変化

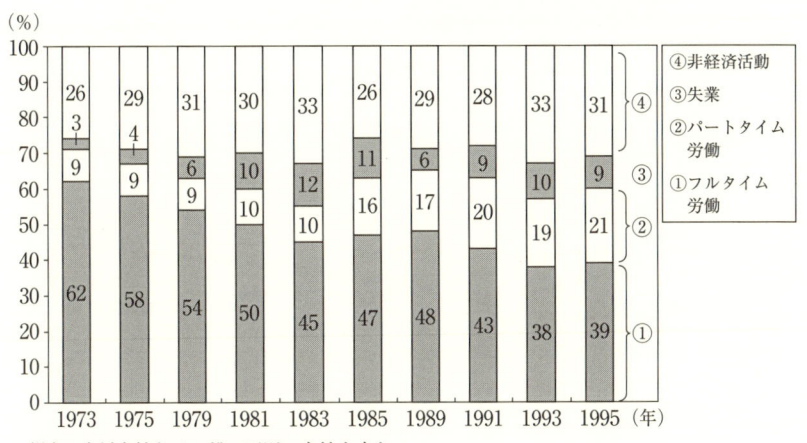

年	①フルタイム労働	②パートタイム労働	③失業	④非経済活動
1973	62		9	3	26
1975	58		9	4	29
1979	54	6	9		31
1981	50	10			30
1983	45	10	12		33
1985	47	16	11		26
1989	48	17	6		29
1991	43	20	9		28
1993	38	19	10		33
1995	39	21	9		31

（注）未婚女性とは，離・死別の女性を含む．
〔出所〕図2-3に同じ．

図2-6　イギリスにおける既婚女性の就業率の変化

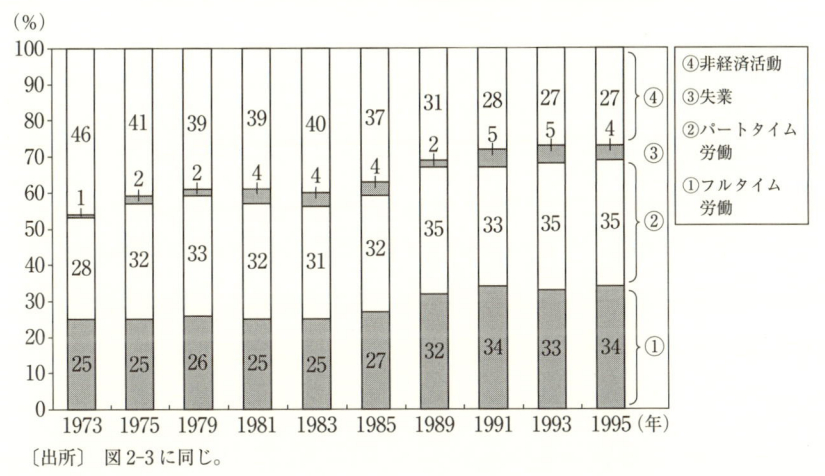

年	①フルタイム労働	②パートタイム労働	③失業	④非経済活動
1973	25	28	1	46
1975	25	32	2	41
1979	26	33	2	39
1981	25	32	4	39
1983	25	31	4	40
1985	27	32	4	37
1989	32	35	2	31
1991	34	33	5	28
1993	33	35	5	27
1995	34	35	4	27

〔出所〕図2-3に同じ．

図 2-7 イギリスにおける扶養する子供をもつ女性のフルタイム労働とパートタイム労働の就業率の変化

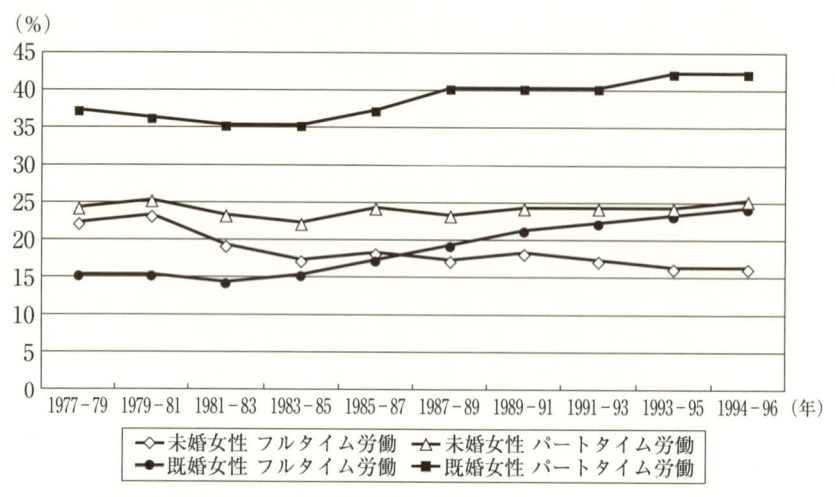

◇ 未婚女性 フルタイム労働　△ 未婚女性 パートタイム労働
● 既婚女性 フルタイム労働　■ 既婚女性 パートタイム労働

（注）未婚女性とは，離・死別の女性を含む。
〔出所〕図2-3に同じ。

形で経済活動へ参加したことを意味しているが，このことは特に，後述する共働きの割合が増加したことと関連しているものと考えられる。

さらに，扶養する子供をもつ女性の就業率はどうであったのか。図2-7は，1977年から1996年までの扶養する子供をもつ女性のフルタイム，パートタイム労働の就業率の変化を表している。興味深い点は，既婚女性のフルタイム労働が1980年代半ばから未婚女性のフルタイム労働の割合を上回っていることである。具体的には，1977-79年と1994-96年を比較した場合，既婚女性のフルタイム労働が15%から24%へと増加しており，未婚女性のフルタイム労働は22%から16%に減少している。さらに，既婚女性のフルタイム労働の割合は，未婚女性のパート

タイム労働の割合をしのぐ勢いで増大しているのがうかがえる。

また，図2-8は，夫の経済活動に対する妻の経済活動の変化を示している。夫が仕事をしている場合，妻がフルタイム，またはパートタイム労働をしている割合は，1983年に妻がフルタイム労働をする割合が大幅に減少してはいるものの，合計で1973年の52%から1996年の62%に10ポイントの増加がみられた。さらに，妻が経済活動をしていない割合は，1973年の41%から1996年の23%へと18ポイントの減少があ

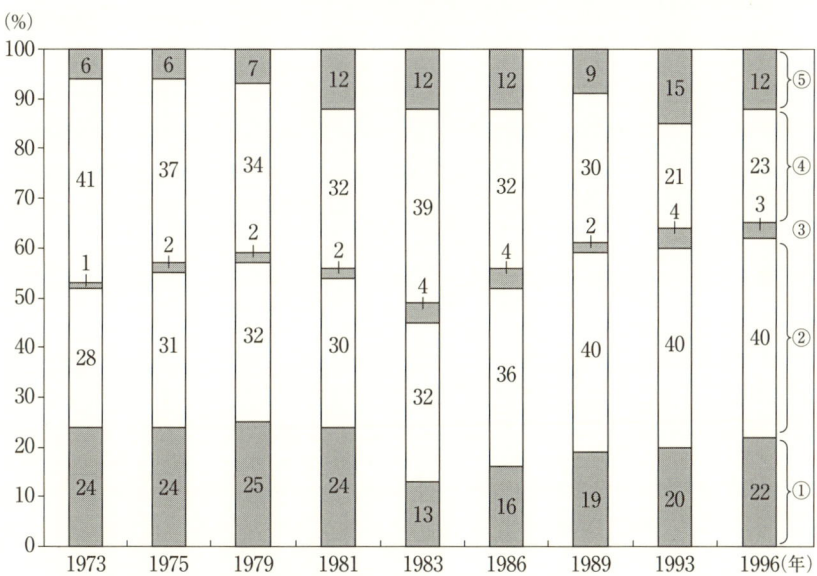

図2-8　イギリスにおける夫の経済活動に対する妻の経済活動の変化

年	①夫が仕事をもち，妻がフルタイム労働をする	②夫が仕事をもち，妻がパートタイム労働をする	③夫が仕事をもち，妻が失業している	④夫が仕事をもち，妻が経済活動をしていない	⑤夫が失業しており，妻が労働へ参加している
1973	24	28	1	41	6
1975	24	31	2	37	6
1979	25	32	2	34	7
1981	24	30	2	32	12
1983	13	32	4	39	12
1986	16	36	4	32	12
1989	19	40	2	30	9
1993	20	40	4	21	15
1996	22	40	3	23	12

⑤夫が失業しており，妻が労働へ参加している。
④夫が仕事をもち，妻が経済活動をしていない。
③夫が仕事をもち，妻が失業している。
②夫が仕事をもち，妻がパートタイム労働をする。
①夫が仕事をもち，妻がフルタイム労働をする。

〔出所〕　図2-3に同じ。

り，共働きが増大したものと考えられる。

さらに，夫が失業などで仕事をしていない場合においては，1973年の6%から1996年の12%に，妻が労働をする割合が増加している。共働きの割合が増大しているのは，1970年に'同一賃金法（Equal Pay Act)'，そして1975年には'性差別禁止法（Sex Discrimination Act)'がそれぞれ制定されたことが影響したものと考えられる[20]。

より詳細に既婚女性の就業率をみると，次のようになる。既述のようにDawson(1982)は，「35歳から44歳の既婚女性の労働力率は1971年の58%から1978年の70%へと上昇」[21]したことを指摘した。この点について若干，補足しておく必要があると思われる。それは，1980年代以降の年齢別にみた既婚女性の就業率の変化についてである。

Dawson(1982)の言うように，イギリスにおいて1970年代に女性の就業化が進んだのは事実であるが，表2-6のように，その後，1980年代前半は変化がないものの，1989年には75%，さらに1993年には，およそ8割に達し，35歳から44歳の既婚女性の就業率は，1980年代後半以降，増加を続けた。

また，同じく35歳から44歳の既婚女性に限定して労働形態，つまり，フルタイム，パートタイムの違いによる就業率の変化をみると，表2-7のように，フルタイム労働は1975年の25%から1994年の36%に高まり，およそ11ポイントの増大がみられた。他方，パートタイム労働は1975年から1994年まで，およそ2ポイントの増加しかみられなかった。このことは，既婚女性の就業化が進むなかで，特にフルタイム労働の比重が高まったことを意味している。

したがって，1970年代に女性の就業化が進んだのは確かであるが，

第5節 女性の就業化と家事労働時間の減少   73

表2-6 イギリスにおける35歳から44歳の既婚女性の就業率の変化

年	1975	1979	1981	1983	1985	1989	1991	1993	1995
35～44歳既婚女性(%)	66	70	69	69	69	75	77	79	79

〔出所〕 Office of Population Censuses and Surveys, *Living in Britain : results from the General household survey* (1996), London, HMSO, p.61 より一部引用。

表2-7 イギリスにおける労働形態別の既婚女性の就業率の変化

年	1975	1979	1981	1983	1985	1989	1991	1993	1994
フルタイム労働(%)	25	26	25	25	27	32	34	33	36
パートタイム労働(%)	32	33	32	31	32	35	33	35	34

〔出所〕 Office of Population Censuses and Surveys, *Living in Britain : results from the General household survey* (1996), London, HMSO, p.64 より一部引用。

図2-9 イギリスにおける女性の高学歴化

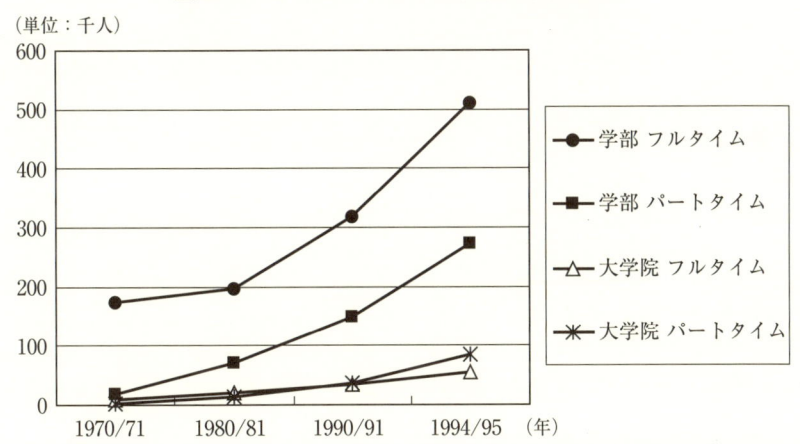

〔出所〕 Central Statistical Office, *Social trends*, 1997, No.27, London, HMSO, p.64 より一部引用。
〔原典〕 Department for Education and Employment ; Welsh Office ; The Scottish Office Education and Industry Department ; Department of Education, Northern Ireland.

表 2-8　イギリスにおける食事形態の変化 (1975 年と 2000 年対比)

(単位：分)

区　分		家での食事		食事の準備		食事をもてなす，または訪問	
年　代		1975 年	2000 年	1975 年	2000 年	1975 年	2000 年
労働状態	フルタイム	62	48	22	28	19	10
	パートタイム	81	58	111	54	19	13
	失　業	81	57	41	42	7	18
	定　年	95	88	68	59	32	19
	学　生	56	48	24	21	23	9
	自営業	92	71	132	92	18	19
	その他の活動	67	72	16	50	10	16
性別	男　性	65	54	11	23	18	9
	女　性	77	59	100	58	20	16
世帯タイプ	単身者	73	47	69	38	53	20
	結婚あるいは同居	75	59	66	42	18	12
	その他の世帯タイプ	63	51	38	40	42	15
子供の有無	子供がいない	72	59	54	38	21	14
	young child をもつ	70	51	63	60	18	14
	older child をもつ	71	55	57	39	16	10

〔注〕　単位は 1 日あたりの時間（分）である。
〔出所〕　Cheng, S., Olsen, W., Southerton, D. and Warde, A., "The changing practice of eating: evidence from UK time diaries, 1975 and 2000," in *The British Journal of Sociology*, Vol. 58 (1), 2007, p. 45 より一部引用。

1980 年代以降もその傾向は顕著であった。それは，既述のような 2 つの平等立法が制定されたこと，さらには，図 2-9 のように，女性の高学歴化が進んだことも，おもな要因であったと考えられる。

　このような女性就業率の増大は，家庭内の食事作りなどの家事労働にも影響を与えることとなった。表 2-8 は，食事形態の変化について，1

日あたりの食事に関わる時間を「分」で表している。特に注目されるのが,「食事の準備」にかかる時間についてであり, パートタイム労働者の食事の準備時間が111分から54分に, 女性が100分から58分に減少し, 単身者も69分から38分にそれぞれ減少しており, 扶養する子供の有無にかかわらず減少しているのがうかがえる。さらに,「家での食事」の時間も, 同様に減少しているのがみられ, 全体として食事に関連する時間が減少している。したがって, 食生活の簡便化は女性の就業化によって, その傾向がますます強まることとなった。

第6節　おわりに

　以上のように, 1980年代から90年代にかけての食料消費の変化に影響を及ぼした消費者サイドの変化について, 経済諸状況の変化, 世帯員数の減少, 女性の就業化について考察を行なった。
　イギリスにおける食料消費の変化に関しては, 1973年から1995年までの食品の品目別消費量の変化において, 特に, 1984年と1995年の食品の消費量を比較した結果, 冷蔵, または冷凍食品などの簡便食品が多く消費され, 加工や調理がされていない食品の消費量が減少したことが明らかであった。
　また, イギリスの消費者は, 1980年代から90年代半ばにかけて消費者信用の利用を増大させた。特に, 一部の大規模小売業者は自社の発行するカード業務の活性化により, 販売力の強化と顧客の定着化を目指した。クレジット・カードによる買い物は, 小売店舗にとっては1店舗で

の買い物の総額を引き上げる方向に作用しつつ顧客確保にも貢献することになったことに加え，消費者にとっては買い物の利便性を急激に高める要因となった。

　1980年代から90年代半ばにかけて，家庭内での食事作りを容易に行なう方法として，生鮮食品よりも調理や管理が簡単な冷凍食品やインスタント食品の利用が拡大し，食生活の簡便化がもたらされた。簡便食品は，世帯員数の減少によって利用が増大し，さらには，女性の就業化の影響によって家事労働時間の節減が求められたことによって利用が促進されたと考えられる。

　以上のように，消費者サイドから1980年代からのイギリスの食生活の変化を考察してきたが，次章で展開するように，イギリスの食料消費の変化をより正確にとらえるためには，消費者サイドの分析と同時に，食品を提供する供給サイドの変化にも注目する必要がある。次章以降では，本章で検討した食料消費の変化が，供給サイドからいかなる影響を受けてきたのかを明らかにする。

(注)
(1) 第2次世界大戦時のイギリスの流通事情に関しては，以下を参照されたい。風呂勉（2009）『第二次大戦―日米英流通史序説』晃洋書房。
(2) Central Statistical Office, *Family Spending: a report on the family expenditure survey*（No. 2006），London, HMSO, p. 60.
(3) 斉藤美彦（1994）『リーテイル・バンキング―イギリスの経験』時潮社，127ページ。
(4) Glyn, A. (1989) "The Macro-anatomy of the Thatcher years," in *The Restructuring of the UK Economy*, ed., Green, F., Harvester Wheatsheaf, London,

pp. 66-67.
（ 5 ）　*Ibid.*, pp. 66-67.
（ 6 ）　Britton, A., Gregg, P. and Joyce, M. (1989) "The Home Economy," in *National Institute Economic Review*, Feb. p. 8.
西村閑也（1990）「サッチャー政権下の英国経済」日本証券経済研究所『証券研究』，第 91 巻，33～34 ページ。
（ 7 ）　詳しくは，以下の論文を参照されたい。近藤哲夫他著（1998）「英国スーパーマーケットの金融サービス業への進出」野村総合研究所証券調査部『財界観測』第 63 巻，第 9 号，32～65 ページ。
（ 8 ）　斉藤美彦，前掲書，127 ページ。
（ 9 ）　Worthington, S. (1987) "Cashless shopping～The boom in credit," *Retail and distribution management, Newman Publishing,* July/August, p. 14.
（10）　近藤哲夫他著，前掲論文，54 ページ。
（11）　Central Statistical Office, *Social trends* (No. 22), London, HMSO, p. 114.
（12）　*Ibid.*, p. 114.
（13）　たとえば，イギリス農業の歴史に関する最近の研究は，以下を参照されたい。道重一郎（2008）「現代イギリス農業の形成と展開―イギリス農業の復活の軌跡とその課題」『共済総合研究』第 53 号，66～79 ページ。
（14）　Burt, S. and Sparks, L. (1999) "Structural change in grocery retailing in Great Britain : a discount reorientation?," in *Post 1945 : retail revolutions-The retailing industry* (*Tauris industrial histories*) *Volume. 3*, ed., Benson, J. and Shaw, G., St Martin's press, GB, pp. 95-96.
（15）　Ritson, C. and Hutchins, R. (1991) "The Consumption Revolution," in *Fifty Years of the National Food Survey 1940 ～ 1990*, ed., Slater, J. M., HMSO, UK, pp. 38-39.
（16）　アンドリュー・ローゼン（2005）『現代イギリス社会史 1950-2000（川北稔訳）』岩波書店，29～30 ページ。
（17）　たとえば，Smith, A. P., Young, J. A. and Gibson, J. (1999) "How now, mad-cow? Consumer confidence and source credibility during the 1996 BSE scare," in *European Journal of Marketing*, Vol. 33, No. 11/12, pp. 1107-1122 を参照されたい。
（18）　布施晶子（1989）「イギリスの家族―サッチャー政権下の動向を中心に―」

　　　 北海道社会学会（編）『現代社会学研究』第2号，103ページ。
(19)　同上論文，104ページ。
(20)　この2つの平等立法については，その制定からすぐに効果が発揮されず，その理由として労働裁判所への提訴の割合が低く，勝訴する確率も低い状況下で，1983年の改正をむかえるまでは違法な差別を具体的に明示できなかった背景があった。詳しくは，今井けい（1988）「イギリスにおける女性と労働—最近の諸研究によせて」『婦人労働問題研究（婦人労働問題研究会編）』988号，68ページを参照されたい。
(21)　Dawson, J. A. (1982) *Commercial Distribution in Europe*, Croom Helm, London, p. 43.（前田重朗監訳（1984）『変貌するヨーロッパの流通』中央大学出版部，36ページ。）

第3章

大規模食品小売業者の発展と
ロジスティクスの高度化

第1節 はじめに

　第2章で明らかになったように，1980年代以降のイギリスの食料消費は世帯の変化に影響し，簡便化という食生活の変化が生じた。しかし，食料消費の変化は，消費者サイドの世帯の変化のみならず，日々の食生活を支えている食品小売業の発展が影響した点にも注目する必要があると考えられる。

　本章では，1980年代以降のイギリスの食料消費の変化に影響を与えた供給サイドの要因を分析する。分析の手順は，第1に，大規模食品小売業者の上位集中化の進展について，1980年代，主要な小売業者による合併・買収によって寡占化が進んだ当時の動向を明らかにする。第2に，小売店舗開発と店舗の郊外化について考察する。第3に，イギリス最大の食品小売業であるテスコ社の事例を通じて，1980年代からの物流革新への取組みによる小売ロジスティクスの発展を分析し，イギリス

の大規模食品小売業者の戦略を明らかにする。

第2節　主要小売業者の合併・買収と上位集中化の進展

　イギリスは第2次世界大戦後，食料品分野における小売業の市場占有率に変化が生じてきた。小売構造において著しく変化が生じたのは，「マルチプル（multiple retailers）」と表記されるチェーン・ストア小売業においてであった。

　Morelli(2004)によれば，1950年代にはセルフ・サービス方式が採用され，1960年代にはスーパーマーケットがそれぞれ発展し，1970年代と1980年代はワンストップ・ショッピングを可能にした郊外型ハイパーマーケットとともにe-リテイリングが誕生することになった。そして，1990年代にはこれらの流通革新が小売業の海外進出によって実証されることになったとし，チェーン・ストア小売業の発展は消費者行動に多大な影響をもたらしたと指摘した[1]。

　特に，表3-1のように，1961年から1984年までのチェーン・ストア小売業の市場占有率の増加は23ポイントにのぼり，「1960年代と1970年代における価格競争と消費者の購買様式の著しい変化に対応してきたチェーン・ストアの役割は，急激な発展と市場支配を可能」[2]にしたのである。

　表3-2のように，小売全体からみると，大規模小売業者の事業所数，店舗数は減少をみせているが，売上高は1978年の23,928千ポンドから1988年の66,903千ポンドにおよそ1.8倍に増加し，他の小売形態に比

表3-1 イギリスの小売シェアの変化

年	1961年	1971年	1980年	1984年
独立小売業	59.9	54.4	46.3	42.3
チェーン小売業	29.2	38.5	47.2	52.4
協同組合	10.9	7.1	6.5	5.3
合計（％）	100.0	100.0	100.0	100.0

（注） データは売上高ベース，単位は％である。
〔出所〕 Fernie, J. (ed.) "Contract Distribution in Multiple Retailing," in *International Journal of Physical Distribution & Materials Management*, Vol. 19 (7), 1989, p. 7 より作成。
〔原典〕 *Retail Inquiry*, 1984, 1980, 1976, *Census of Distribution*, 1961.

べて急激な伸びをみせた。また，小売業のなかでも食品小売業に限定すると，大規模食品小売業は他の食品小売業に比べて，事業所数，店舗数などが増加していることに加え，食品小売業総売上高のうちに占める売上高は，1978年におよそ42％（6,178千ポンド）から1988年には73％（27,935千ポンド）へと，その比重を急激に高めた。

さらに，イギリスの小売業トップ5であるテスコ社（Tesco），セインズベリ社（J. Sainsbury），セーフウェイ社（Safeway），アズダ社（Asda），ゲートウェイ社（Gateway Corporation）の食品市場シェアは，1982年に25％であったものが1990年には61％まで高まり[3]，食品小売業者の集中化が進むこととなった。トップ5のシェアで比較した場合，スウェーデンの82％（1985年）やスイスの80％（同年）など[4]，他のヨーロッパ諸国に比べて決して高くないイギリスの集中化傾向であるが，イギリスの特徴は，1980年代後半にかけてもっとも小売業が集中度を高め，「黄金時代（golden age）[5]」をむかえるほど市場支配力を高めていった点にある。これに関して，真部（1997）は，①企業の合併・買収，②大型店

82　第3章　大規模食品小売業者の発展とロジスティクスの高度化

表 3-2　イギリスの小売構造の変化（1978 年と 1988 年対比）

	事業所数			店舗数			従業員数（1 千人）			売上高（千ポンド）		
	1978 年	1988 年	増減率(%)	1978 年	1988 年	増減率(%)	1978 年	1988 年	増減率(%)	1978 年	1988 年	増減率(%)
小売業の合計	234,785	237,832	1.3	350,038	338,268	−3.4	2,424	2,347	−3.2	44,656	110,564	147.6
独立小売業	208,022	212,711	2.3	208,022	212,711	2.3	903	754	−16.5	14,212	30,724	116.2
小規模小売業	25,538	24,286	−4.9	67,933	61,687	−9.2	368	298	−19.0	6,515	12,737	95.5
大規模小売業	1,225	835	−31.8	74,083	62,700	−15.4	1,153	1,294	12.2	23,928	66,903	179.6
協同組合	202	83	−58.9	10,207	4,270	−58.2	153	102	−33.3	3,004	4,441	47.8
食品小売業の合計	87,921	67,755	−22.9	120,197	87,758	−27.0	727	809	11.3	14,716	38,341	160.5
大規模食品小売業	58	69	19.0	7,034	8,328	18.4	238	504	111.8	6,178	27,935	352.2
その他の食品小売業	41,423	24,921	−39.8	45,255	26,992	−40.4	182	106	−41.8	3,340	4,128	23.6
個別食料品専門店	46,440	42,863	−7.7	67,908	53,439	−21.3	307	199	−35.2	5,198	6,254	20.3

（注）　個別食料品専門店とは、生肉店や魚店、パン屋などの食料専門店を意味している。
〔出所〕　Central Statistical Office, *Annual Abstract of Statistics* (1982,1991), London, HMSO より作成。

開発促進政策,③大型店の新規出店の加速の3つが,上位集中化を高めた要因であるとした(6)。

　小売業に限ったことではないが,サッチャー政権下では「経済に対する政府の関与をやめてこれを市場原理に委ねるという経営哲学に従って(7)」,国営企業の民営化がすすめられた。電信,航空,造船など,多分野にわたり,民営化が促進されることとなり,流通環境においても,ある程度その影響があったものと考えられる。

　チェーン・ストアにおける企業合併と買収について,まず,テスコ社は1987年にヒラーズ社(Hillards)を買収している。また,アーガイル社(Argyll)はアライド・サプライヤー社(Allied Suppliers)の買収から始まり,1984年にはヒントンズ社(Hintons plc)を,1987年にはセーフウェイ社を吸収した。さらにゲートウェイ社も,1984年にインターナショナル・ストアーズ社(International Stores),1986年にはファイン・フェア社(Fine Fare)を吸収している。

　実際には,小売業の合併・買収は1980年代以前より続いていた。たとえば,1960年代から1970年代にかけてテスコ社は計7社を買収,アーガイル社は1980年に5社,1981年から82年の間に3社を買収している。また,1960年代から1980年代にかけてのイギリスにおける小売業の合併・買収の傾向は,大規模小売業が自社グループを拡大していくなかで,小売業同士の合併・買収を行なうだけでなく,異なった分野の企業を買収するケースも生じていた(8)。

　しかし,1980年代を通して激しい競争を展開したアズダ社とゲートウェイ社は,「財務上の問題に直面し,1990年までにはスーパーマーケットの主戦場からは取り残されて」(9)おり,その後アズダ社は,1999年

にウォルマート社 (Wal-Mart, 米) によって買収された。

1990年のスーパーマーケット業界は，おもに「ビッグ・スリー (テスコ社，セインズベリ社，セーフウェイ社)」と大規模ディスカウント企業であるクイック・セーブ社 (Kwik Save)，さらには少数のローカル・チェーン・ストアのウイリアム・ロー社 (Wm Low) やウイリアム・モリソンズ社 (Wm Morrisons) から構成されていた[10]。

また，不況期の1980年代から90年代にかけて，急拡大した小売業態は，ディスカウント小売業，とりわけ，ディスカウント・スーパーマーケットであった[11]。

表3-3のように，ディスカウント・スーパーマーケットは1,000から3,000アイテムの品揃えで，たとえば，大規模ディスカウント企業であるクイック・セーブ社がそれに該当する。1990年から本格的になった外国資本であるディスカウント小売業のアルディ社 (Aldi, 独) やネットー社 (Netto, デンマーク) のイギリス小売市場への参入は，「クイック・セーブなど既存のディスカウント企業との競争を通じて，食品小売分野に激しい価格競争」[12]をもたらした。

さらに，これに関連してBurtとSparks (1999) によれば，大規模食品小売業者は，1970年代までに続いていた低価格訴求の一方で，1980年代から90年代半ばにかけて高級化市場 (up-market) へ移行することとなったのである[13]。

このことにより1980年代後半から90年代半ばにかけてのイギリス大規模食品小売業は，高級化市場への移行の一方で，クイック・セーブ社を中心に生じた激しい低価格競争に対応せざるをえなくなったのである。さらに，そのクイック・セーブ社でさえも，そのような「ビッグ・

表3-3　イギリスにおけるディスカウント小売業の分類

(1950年代から1990年代半ばまでのデータ)

フォーマット	オペレーション	おもな企業 (イギリス市場へ参入した年)
ディスカウント・スーパーマーケット (Discount supermarket)	1,000～3,000アイテム、加工食品に加え、冷蔵・冷凍食品も品揃え、5～10%の値引き率、平均6,000平方フィート。(平均540 m^2)	クイック・セーブ (Kwik Save, 1959)、ローコスト (Lo-Cost, 1962)
限定的品揃えのディスカウント小売業 (Limited assortment discount)	1,000アイテム以下の品揃え、加工食品が主流、10～20%の値引き率、5,000～10,000平方フィート。(450～900 m^2)	アルディ (Aldi, 1990)、ネットー (Netto, 1990)、ショップライト (Shoprite, 1990)
広範な品揃えのディスカウント小売業 (Extended range discount)	7,000アイテム以上の品揃え、広範な品揃え、平均20,000平方フィート。(平均1,800 m^2)	フード・ジャイアント (Food Giant, 1991)、パイオニア (Pioneer, 1991)、ダレス (Dales, 1992)
ウェアハウス・クラブ (Warehouse club)	4,000以上のアイテム数、メンバーシップを基本とした10～25%の値引き率。	コストコ (Costco, 1993)

[出所] Burt, S. and Sparks, L., "Structural change in grocery retailing in Great Britain : a discount reorientation?," in *Post 1945 : retail revolutions–The retailing industry (Tauris industrial histories) Volume. 3*, Benson, J. and Shaw, G. (ed.), St Martin's press, GB, 1999, p.102 より引用。一部修正。

[原典] Corporate Intelligence Group Discount Food Retailing in the UK, London, 1992. Nat West Securities UK Food Retailing, London, 1993.

スリー」のその後の高級化市場への変化に追随することになったのであった。こうして大規模食品小売業者は低価格競争への対応とともに，高級化市場への移行を進めたのである。

1980年代後半から顕著になった食品小売業者の上位集中化傾向は，多くの企業合併と買収を通じた事業拡大をもたらした。このような大規模小売業者の上位集中化による寡占状態の継続は，消費者の食生活への影響力をますます強める要因として作用したと考えられる。

第3節　小売店舗開発と店舗郊外化の進展

第2次世界大戦以降から1970年代末までの小売商業に関する地域政策・地域計画の特徴は，郊外地域にスーパーストア，郊外型ショッピングセンターなどの小売商業施設の開発を規制し，おもにタウンセンター (town centre) を中心に「既存の小売商業地区の再開発や拡張による小売商業の近代化」[14]を進めてきたことにある。具体的には，都市区域外にスーパーストア，郊外型ショッピングセンターなどの小売商業施設の開発を規制し，その一方で，タウンセンターの小売商業地区の再開発や拡張による小売商業の近代化が包含されている。

しかし，1980年代のサッチャー政権下では，「地域計画に関する諸規制を緩和し，民間部門の活動を活発化し，市場原理を有効に機能」[15]させ，地域政策は従来実施されてきた小売商業に関する諸政策や計画体系などの多くが見直されていくことになった。

伊東（1997）はGuy（1994）の研究[16]を参考にして，イギリスの大規

模小売業が発展した理由について，イギリスの小売商業に関する政策が「土地利用計画・地域計画などによる小売商業の立地規制を通じた地域政策的コントロール」にもとづいており，「小売商業の形態や組織に関する政策的関与は原則的に行なわれないという政策的特徴」があったために，結果として小規模小売業の著しい衰退と大規模小売業の発展をもたらした[17]とした。要するに，大規模小売業が発展した理由の1つが，土地の利用計画などは当然，国が関与して管理していた部面があったものの，大規模小売業の開発などに具体的に国の関与がなかったために，大規模小売業の発展が続いたものととらえている。

また伊東（1997）は，1980年代の具体的な大規模小売店舗開発について，①スーパーストア，②リテイル・パーク（Retail Park），③ショッピングセンターの著しい発展があったとし，それらの整理を試みている[18]。なかでもスーパーストアに関しては，1980年代のスーパーストアの急速な増加は，小売商業の地域政策の変化とともに，「消費者ニーズに対応して，全国的な配送システムの構築と多店舗展開によって成長してきた大手全国スーパーストア・チェーンの形成・発展」[19]によるものであるとした。

表3-4は，大規模店舗であるスーパーストアとハイパーマーケットの1970年以降における開店数，累計店舗数および累計売場面積の推移を表している。1970年時点で33店舗であった累計店舗数は，1993年には935店舗にのぼり，年々開店数は増加している。1980年代初めから半ばにかけての開設店舗数は同じ水準を維持しているが，1988年から1993年までは年間60店舗以上の開設数を示しており，特に1990年には年間，89店舗にのぼっている。

表3-4 イギリスにおける大規模店舗の開設店舗数と累計売場面積の変化

年	開設店舗数	累計店舗数	累計売場面積
1970	14	33	1,424.7
1971	13	46	1,944.7
1972	16	62	2,555.5
1973	23	85	3,467.8
1974	16	101	4,087.7
1975	22	123	4,961.4
1976	27	150	6,078.4
1977	25	175	7,067.6
1978	35	210	8,394.8
1979	27	237	9,371.8
1980	41	278	11,041.0
1981	34	312	12,370.8
1982	32	344	13,411.7
1983	27	371	14,161.3
1984	24	395	15,352.5
1985	36	431	16,669.7
1986	25	456	17,487.5
1987	43	499	19,196.0
1988	78	577	22,249.3
1989	66	643	24,845.3
1990	89	732	28,411.6
1991	65	797	30,140.8
1992	64	861	32,390.7
1993	74	935	34,890.8

(注1) 面積単位は1千平方フィート。
(注2) ここでの大規模店舗とは，25,000平方フィート以上のスーパーストアとハイパーマーケットを意味する。なお，引用資料の「累計店舗数」の数値の一部に誤りがあったため，修正した。
〔出所〕 Institute for Retail Studies, *Distributive trades profile : A statistical digest*, London, 1996, Table 28 より一部引用。
〔原典〕 IGD Stores Database.

さらに，表3-5は各年に新たに店舗開発された売場面積の変化を地域別に示している。タウンセンターでの小売開発（retail development）は順調に進み，1970年代半ば以降，郊外での売場面積を増加させ，1981年からはリテイル・パークが開発されている。

Guy (1994) によれば，リテイル・パークとは，計画的に複数のスーパーストア（superstores）や倉庫型小売業（warehouse retail）を密集させた形で開設したショッピングセンターのようなもので，1982年にエールズベリー（Aylesbury, イングランドBuckinghamshire州の州都）のケンブリッジ通りに開設されたものが最初の計画的なリテイル・パークであり，それ以前に開設されたものは，偶然に作られたものであるとされる[20]。この表から明らかなのは，1980年代後半から1990年にかけて，いずれの売り場面積も著しく増えていることである。

しかし1990年代に入ると，特にタウンセンターと都市区域外において変化が生じた。前田（1998）によれば，「買回り品小売業を中心としたタウンセンターにおける小売開発が1970年代初めの高い水準に復帰しただけではなく，最寄り品小売業においても，主として食品小売企業上位5社による都市区域外でのスーパーストアの開設が戦後のピーク」に達していた。また，1990年代初めから小売業にも景気後退が影響し，小売開発は「1991年から93年にかけて厳しい低落」を示した。それは「戦後初めてという買回り品への消費者支出の縮小，タウンセンター外における店舗用地価格の上昇，小売市場の飽和化によるもの」であった。1980年代後半から1990年代初めにかけての大規模食品小売業の「急速な（店舗の）拡張戦略は，競争構造の変化と（1993年から94年の）土地価格の暴落のなかで転換を迫られる」ことになったのであった[21]。

表3-5 イギリスにおいて各年に店舗開発された売場面積の地域別の変化

年	タウンセンター	リテイル・パーク	都市区域外
1970	3,819	0	0
1971	7,032	0	0
1972	4,520	0	0
1973	7,305	0	0
1974	4,585	0	0
1975	7,385	0	0
1976	8,175	0	1,053
1977	2,094	0	352
1978	3,469	0	314
1979	3,670	0	290
1980	2,184	0	110
1981	3,323	108	579
1982	2,071	93	190
1983	2,508	306	441
1984	2,537	190	655
1985	1,859	972	0
1986	2,002	1,269	2,116
1987	3,501	3,893	1,086
1988	2,942	6,574	1,317
1989	4,597	8,647	1,704
1990	4,831	5,477	2,820
1991	5,007	1,902	665
1992	4,541	1,500	220
1993	1,485	2,813	633
1994	630	4,428	44
1995	157	395	50

(注) 単位は1千平方フィート。
〔出所〕 Institute for Retail Studies, *Distributive trades profile : A statistical digest*, London, 1996, Table 27 より一部引用。
〔原典〕 Retail Research Consultancy, Hillier parker.

また，1980年代半ばからは郊外型のショッピングセンターの開発が活発になり，1992年にはウェアハウス・クラブ（warehouse clubs）が，1993年にはアウトレット業態が相次いでアメリカからイギリスへ参入[22]したことにより，既存店舗との競争が激化することとなった。

以上のように，1980年代後半から1990年代にかけて小売店舗は大規模化が進展した。さらに，都市区域外への出店が増加をみせたことによって，店舗の郊外化も同時に進むことになった。とりわけ，1980年代を通じて急成長したスーパーストアは，イギリス消費者の食生活に影響を与える主要な業態として発展をとげてきたと考えられる。それは，後述するテスコ社の事例からも明らかなように，1980年代を通じて大規模小売業者の技術革新が急速に進み，特に，小売主導型ロジスティクスの高度化によって効率的な物流戦略を築き上げたことに関連する。

第4節　テスコ社による小売ロジスティクスの展開

イギリス最大の食品小売業のテスコ社の事例を検討する前に，ロジスティクスの概念について触れておく。

（1）ロジスティクスの概念

ロジスティクス（logistics）とは，もともと軍事用語で「兵站（術・学）」を表しており，現に戦っているかまたは戦おうとしている第一線に対して，兵員，食料，武器，弾薬などを適時に適量を適所に補給する概念で，前線で戦う軍隊の後方支援全般を意味している。ただし，その

語源については種々のとらえ方が存在しており，兵站としての機能は，古代ギリシャ・ローマ時代から存在していたものと考えられている[23]。ここでのロジスティクスは，顧客（消費者）の要求に見合う商品（モノ・サービス）を最適に供給するため，その商品の産出地点から消費地点，つまりメーカーや供給業者などの取引業者から小売店までの過程における調達，輸送，保管などの各物流機能をより効率的，効果的に管理するために，それらを1つの流れと考え，それらを統合する管理概念としてとらえるものとする[24]。すなわち，これまで別々に機能していた物流管理が，1つの統合概念として組み込まれるようになったのである。

Bowersox (1992) は，ロジスティクスという考え方の登場に大きな影響を及ぼした要因として4つを指摘している。第1は，規制緩和であり，これこそロジスティクスが要請される最大の要件であるとする。第2は，急速な技術革新であり，情報技術の急速な発展や情報媒体の低価格化とともに，情報の高速転送が可能になったことを意味する。第3は，企業および経済構造の変化であり，企業の集中化（合併）と市場の集中化（上位業者への集中）である。それは企業が合併を経験して大企業へと規模が拡大すると，企業構造の変化とそれに対応するための自社のロジスティクスの的確性が厳しく求められるようになるからである。そして第4に，グローバリゼーションであり，環境の異なる多国間にわたって製品供給や販売業務を効率的に支援することが必要になると，その物流能力を発揮することが求められるからである[25]。これらは，それまでの物流というとらえ方からロジスティクスへの転換に大きく影響している要因である。

第4節　テスコ社による小売ロジスティクスの展開　　93

　しかしながら，いま1つの要因として考えられるのは，消費の多様化である。Fernie（1997）は，「過去30年もの間，イギリスにおいて小売革命が生じてきている。消費者はますます豊かになり，商品を見きわめる力をもち，そして変わりやすくなってきており，これに対して小売業者は都市中心部と町外れに位置しながら，いくつかの業態の幅を提供することによって消費者のニーズに応えてきている。…中略…特に食品分野では，スーパーストアの数が増加していることに伴った供給に見合うよう，複合物流センターと輸送機関を含んだロジスティクス・システムへの投資によって無駄を省いてきている」[26]と指摘し，既存の物流からロジスティクスへの転換が食品小売業にとって重要な課題として位置づけられてきたことを示した。要するに，消費者の購買行動が複雑かつ，多様になり，消費者ニーズへの対応として，これまでの物流戦略を見直し，より高度で効率的な物流戦略の手段としてロジスティクスが注目されるようになったのである。

　また，実際のサプライ・チェーン・マネジメント（Supply Chain Management, 以下 SCM）は，QR（Quick Response）[27]，ECR（Efficient Consumer Response）[28]からの発展形態としてのロジスティクスからの流れと，TOC（制約条件の理論）といった生産管理からの流れがある。つまり，物流管理やビジネス・ロジスティクスをベースにした活動と，メーカーの生産管理をベースにした活動という2つの流れのもとに生まれ育ってきた[29]（詳しくは補論参照）。

　SCM に関して Christopher（1998）は，新しく登場した考えではあるがロジスティクス理論の延長上にあることを認識すべきであるとした。さらにロジスティクス管理は，おもに企業組織内の流れを最適化するこ

とに関係しているが，SCMは組織内のみの内部的な統合だけでなく，そこには改めて企業間の全体的な統合が重要視される必要があるとした[30]。

さらにCooper (1994) は，ロジスティクス管理が，「組織を通じた顧客までの資材と供給の流れの最適化を求める統合的なプロセス」であると述べ，「本質的には計画プロセスと情報ベースの活動である」[31]とした。一方，SCMに関しては，「マーケティング・チャネル上のパートナーシップのアイデアとチャネル内に存在する企業間の高度な結びつきを基礎としたもの」であるとしている[32]。

ロジスティクス自体も「単一企業型ロジスティクス・システムから企業間型ロジスティクス・システムへ」[33]と量的にも質的にも発展してきた。SCMは自社内における統合が企業同士の統合に拡大する仕組みであり，それは協調関係を基に統合が拡大することによって，チャネル上の企業間関係やコスト削減を含めた全体最適に貢献できるマネジメントであると考えられる。

後述するように，イギリスの大規模食品小売業者は，商品調達から販売に至る一連の機能を小売業自らが主導的な役割を果たし，管理・統制している。そのため，小売主導型のロジスティクスである小売ロジスティクス（retail logistics）という用語を用いて議論を進める。

（2）　物流革新への取組み：複合物流システムの導入

テスコ社は，品揃えにおいては「商品の50%以上は小売ブランド商品であり，生鮮食品においては特に小売ブランド商品に力点が置かれている」[34]企業である。しかし，テスコ社はもともと「商品を山積みにし

て，安売りをする」という方法で営業し，決して最初から高品質・高価格の商品を品揃えしていたわけではなく，1970年代以前から低価格商品を多く販売していた。

1970年代のイギリスは，「国外の石油危機や経済環境の変化（EECの共通農業政策），さらには政策決定（所得政策）の結果として，インフレーションが急加速するにつれて，価格は食料消費に影響する重要な要因」[35]となり，低価格商品が求められるようになっていた。つまり，価格面でそれまで以上に激しい競争が展開され，低価格化が小売経営上の重要な戦略の1つとなったのである。低価格化の進展は，「当時の消費者の要求によく適合」[36]するものであった。そして，セインズベリ社などの他の大規模小売業者との間で，かつてない激しい価格競争が展開され，テスコ社は1970年代初頭以降，この価格競争に打ち勝っていったのである。

テスコ社の物流戦略について Smith（1999）は，表3-6のように4つの主要な局面があることを主張した[37]。第1の時期は，供給業者による小売店舗への直接配送が主流であった時期である。第2の時期は，1970年代から80年代にかけて「地域流通センター（Regional Distribution Centres，以下RDCs）」を導入し，物流を精緻化する時期である。第3の時期は，1989年に始まった複合物流の展開の時期であった。第4の時期は，1990年代にテスコ社によって物流を垂直的に管理した時期であった。

1977年6月，テスコ社は幹部会議において，それまで販売促進策の一環として行なってきた「スタンプ配布」を廃止し，同社の事業活動を見直す意思決定がなされた[38]。具体的には，主力商品に対してそれま

表3-6 テスコ社の物流戦略の変遷

時期	物流戦略の変化
第1の時期（1970年代以前）	おもに供給業者から直接配送
第2の時期（1970年代から）	地域流通センターの導入による物流の集中化
第3の時期（1980年代後半）	複合物流の展開によって商品温度管理の向上
第4の時期（1990年代から）	垂直的な供給業者の管理とSCMの推進

〔出所〕 Smith, D., "Logistics in Tesco : past, present and future," in *Logistics and Retail Management*, ed., Fernie, J. and Sparks, L., Kogan Page (UK), 1999, p. 162.（辰馬信男監訳『ロジスティクスと小売経営――イギリス小売業のサプライ・チェーン・マネジメント』白桃書房，2008年，189ページ。）をもとに筆者作成，一部修正。

でよりも4％の値引きを実行することにより，売上げの増大を見込んだ戦略を実施した。その結果，缶詰肉が86％，洗剤が75％，コーヒーが73％，ベークド・ビーンズが61％とそれぞれ売上げが増加し，100万ポンド以上の売上げの増大がもたらされた[39]。このことにより，低価格競争が激しさを増し，商品取扱量が急激に増えたことにより，それまでの物流活動が見直されることになったのである。つまり，事業活動の総点検（operation checkout）の結果，従来型の物流活動が抜本的に見直されることになった。それは「高級化市場への転換」[40]をもくろんだ新しい企業戦略のもとに，物流戦略の見直しが必要になったためである。

1960年代から1970年代にかけて，主要なチェーン・ストア小売業者の物流革新の1つが，RDCsの導入であった[41]。それまでスーパーマーケットの店頭が在庫の貯蔵場所として利用されていたのであるが，RDCsの導入の結果，商品を供給する供給業者の配送ポイントとして活

第4節　テスコ社による小売ロジスティクスの展開　97

用されることになり，配送効率と在庫調整が可能となったのである。テスコ社も例外ではなく，物流を集中化することは供給業者から店頭までの物流の効率化をめざした結果であった。要するに，競合他社に対して遅れがちにではあるもののRDCsを導入したのは，「事業活動の総点検運動と，その結果としての高級市場への移行によって」[42]，1980年代に向けての計画・目標が立てられたためであった。

　1980年には，メーカーや供給業者からの商品の「店舗への直接配送から集中化へ転換することの意思決定」[43]がなされた。この意思決定は，事業活動に対する管理の限界という決定的な重要性を認識したことによるものであった。テスコ社は常にいくつかの商品を本部から配送していたものの，ほとんどの商品がメーカーから店舗に直接に配送されていた。こういった店舗への直接配送とその他の倉庫経由配送との比率は，そのピーク時に83：17にも達していた。テスコ社は「集中的に管理される物流サービスを採用し，店舗が必要とするものの大部分を供給し，共通の操作システムを用い，最大限48時間のリード・タイムで配送」[44]することになった。つまり，この戦略には次のことが含まれていた。

　まず第1に，既存の物理的な物流施設の拡充とその変更であり，そこには新しい物流センターの建設が含まれた。第2は，リード・タイムが改善されたことである。第3は，在庫の補充をより容易に行なうために，物流センターと店舗で共通の操作システムが用いられたことである。第4は，現代の小売業に合わせて勤務の交替制を必要としたことである。第5は，すべての施設をもっとも効率的に利用するために，コンピュータ・ソフトが用いられたことである。第6は，高水準の成果を生

み出すために，物流業者の専属制，すなわち，契約による物流が用いられた[45]。この戦略がテスコ社に与えた影響は，コンピュータによって本部を経由して店舗に結び付けられたことにより，合理的な物流センターのネットワークが生み出されたことであった。補助的な商品在庫地点の拡散がこれによって抑制されたのである。

また，1980年代初めにかけては，RDCsの運営と輸送車両の運行を専門運送業者へ委託するなど，物流効率化の徹底が進められた[46]。このような「RDCsや物流システムの開発は，ますますイギリスの小売産業を集中化[47]」させることにつながったのである。

しかし，地域流通センターを活用して物流の効率化に努めたテスコ社であったが，1980年代後半には複合物流（composite distribution）の導入を始める。複合物流を導入するきっかけについてSmith（1999）は，5つを指摘する[48]。第1に，すべての商品グループの発注システムが別々であったため，物流が複雑に機能していたことである。第2に，商品の中継地としてのデポ（depot）[49]が多く，分散していたため，特に品質検査に費用がかかりすぎていたことである。第3に，倉庫ごとに単一商品が保管され，別々の車両にて運ばれていたため非効率であった。そのため第4に，物流の複雑化と多額の費用が発生した。第5に，冷凍・冷蔵商品の温度管理が高い法律上の基準に満たないことが明らかとなり，そのことが1990年代に計画されている戦略に見合わないことが判明した。これら5つの理由によって導入された複合物流は，「冷蔵，生鮮，冷凍食品など，温度管理を必要とする商品を複数の温度によって管理される倉庫と車両という1つのシステム」[50]を可能にした。

この複合物流は，商品の品質管理の高度化のために温度帯管理がなさ

第4節 テスコ社による小売ロジスティクスの展開

れている。すなわち、常温、冷蔵、冷凍、定温の各商品が温度帯に管理され、「多温度帯配送センターと同納品車両が1つのシステムとして運営」(51)されている。矢作（2000）によれば、第1商品群は摂氏12～15度前後で管理されている定温商品、第2商品群は冷蔵温度帯商品群、第3商品群はマイナス25度で管理されている冷凍食品などで温度管理がなされている(52)。1980年代後半に温度管理された26ヵ所の商品別配送センターは、1996年までには「9ヵ所の複合センターと11ヵ所の加工食品、雑貨、保税倉庫などの商品別センターに集約」(53)された。すなわち、1980年代にテスコ社は物流の集中化を進め、温度帯管理による徹底した品質管理に努めたのであった。

そしてテスコ社は、店舗への直接配送と物流センターへの配送の両方のために、供給業者との間にトラダネット(54)（TRADANET）というネットワークを構築した。これにより、特に生鮮食品を扱う際、複合センターで取り扱われるすべての商品について需要の予測が行なわれ、その結果が供給業者に伝えられたのである。このことは生鮮食品などの日持ちしない商品に対して、工場から複合センターを経由して店舗までの物流をジャスト・イン・タイム（JIT）方式で行なうことにその目的があった。すなわち、配送においてすべての供給業者が商品補充の予測計画についての情報を必要とするために、情報の共有化が進められたのである。テスコ社はトラダネットによるそうした情報の共有化を通じて、発注と補充作業をいままで以上に正確に管理することができるようになったのである。

さらに、複合物流によってもたらされた利点は、第1に、すべての店舗へ毎日配送する方式への転換により在庫水準の引き下げと各店舗の在

庫スペースを売場スペースに変えることができた。第2に，厳密な鮮度管理が行なわれるようになり，品質の向上とその結果としての廃棄物の減少である。第3に，設備の有効利用により，物流効率の向上とコストの削減がもたらされたことである(55)。

このように1970年代にかけては，地域流通センターを導入し，1980年代にかけて物流管理を集中化した。この集中化により，「貴重な小売用地が在庫施設として利用されないようにしただけではなく，商品の店舗への流れを管理する」(56)ことが可能となった。1980年代後半には複合物流を活用することによって商品の品質管理の高度化を進めた。これらは1990年代の企業目標の原動力となる技術革新であり，市場行動であった。

表3-7は，1980年代を通じてのテスコ社に関するデータである。10年ものあいだに，営業利益が約4,000万ポンド（1980年）から約27,650万ポンド（1989年）に増大しており，平方フィートあたりの週間売り上げも順調に伸ばしている。また，既述のように，大規模小売業者の事業所数，店舗数が減少していることに関連し，テスコ社でも同様に店舗数の減少がみられた。ところが，平均店舗サイズは約2倍に増大しており，販売エリアも拡大しているのがうかがえる。さらに，1980年代は失業率が高い水準を維持していたにもかかわらず，フルタイム労働者の増員がみられ，1980年代に着実に規模拡大を図ったことが確認できる。

また，表3-8は，イギリス大規模小売業者の小売開発について，店舗開発や技術開発にかかわる主要なものを表している。ここで注目されるのは，1970年代から缶詰食品や冷凍食品の取扱量が増大し，1980年代に至っては，調理済み食品（ready meals，第4章参照）の開発・導入が進

表3-7 1980年代のテスコ社のデータ

年	1980年	1983年	1986年	1989年
営業利益（百万ポンド）	39.7	60.6	104.1	276.5
平方フィートあたりの週間売上（ポンド）	5.10	6.32	9.14	11.51
店舗数	552	489	395	374
全体の販売エリア（1千平方フィート）	6,210	7,425	7,502	8,542
平均店舗サイズ（販売エリア）	11,200	15,200	19,000	22,800
フルタイム従業員数	39,862	40,377	43,447	52,742

〔出所〕 Powell, D. (1991) *Counter Revolution : The TESCO Story*, GraftonBooks, London, pp. 218-219 より一部引用。

表3-8 1970年代以降のイギリスの大規模小売業者による店舗開発と技術導入に関するプロフィール

1970年代初め	ハイパー・マーケットの初期的展開，缶詰食品取扱量の増大，サード・パーティ・ロジスティクス・プロバイダー。
1970年代末	倉庫型小売の開発，冷凍食品取扱量の増大。
1980年代中盤	郊外型ショッピングセンターの開発，レディ・ミール食品技術と自社ブランド商品開発，冷蔵技術と複合型物流施設，バーコードの導入，本格的なロジスティクスの導入。
1980年代後半	EDIやEPOSの導入，その他のIT技術の開発が拡大。
1990年代初め	EDLP計画，SCMの推進，ハード・ディスカウンターの市場参入，開店時間と日曜営業の変化。
1990年代後半	多様な業態の開発，メーカーと小売業とのECR協調関係の構築，食品ラベルの標準化。

〔出所〕 Kervenoael, R., Hallsworth, A. and Clarke, I. (2006) "Macro-level change and micro level effects : A twenty-year perspective on changing grocery shopping behaviour in Britain," in *Journal of Retailing and Consumer Services*, Vol. 13, No. 6, p. 386 より一部引用，加筆・修正。

み，冷蔵技術の進歩や複合型物流の発展，さらにはロジスティクスの導入があった点にある。このような小売業者による多様な技術の導入や事業戦略の見直しは，商品購買者である消費者に影響を与え，簡便食品の普及にも影響したと考えられる。

1990年代は，供給業者とのSCMの推進により，物流のいっそうの効率化を図った。物流の集中化と徹底したアウトソーシングを可能にしたのも，強力な市場支配力があったからであり，消費者のニーズに迅速に対応するシステム構築が目指されたからであった。

第5節　おわりに

イギリスにおけるチェーン・ストア小売業は1960年代から発展を続け，1970年代における低価格競争や消費者の変化に対応し，その後の不況期であった1980年代において市場占有率を高めた。

1980年代は小売業の合併・買収が続き，資本の集中が進展することとなった。また，1980年代後半から1990年代にかけては，大規模小売店舗の開設が著しく増えたことによって小売業は大規模化し，さらに都市区域外への出店が加速することによって店舗の郊外化がもたらされた。既述のように，小売業者トップ5の市場シェアは，1990年には61％にのぼり，大規模食品小売業者による市場の寡占化が進展することとなった。

テスコ社は，すでに1970年代から事業活動の総点検に着手し，それまでの物流活動を抜本的に見直すことになった。それは1980年代以降

の高級化市場にむけたテスコ社の市場行動であった。その結果，1980年代は物流部門を集中化して物流機能を強化し，アウトソーシングの活用によりコスト管理を効率化した。また，1980年代後半には複合物流を導入し，商品の温度管理の高度化を進め，小売主導型のロジスティクスを構築することに成功した。

特に，第4章で考察するように，このような物流革新は，それまでの商品管理の効率化に加えて，調理済み食品の開発と導入を補うための技術革新であり，小売業者による技術革新が消費者に対して高品質・高付加価値型の商品の提供を可能にしたことと関連する。

(注)
(1) Morelli, C. (2004) "Explaining the growth of British multiple retailing during the golden age : 1976～94", in *Environment and Planning A*, Vol. 36, p. 667.
(2) Burt, S. and Sparks, L. (1999) "Structural change in grocery retailing in Great Britain : a discount reorientation? ", in *Post 1945 : retail revolutions-The retailing industry (Tauris industrial histories) Volume*. 3, Benson, J. and Shaw, G. (ed), St Martin's press, GB, p. 95.
(3) Wrigley, N. (1993) "Retail concentration and the internationalization of British grocery retailing", in *Retail change : contemporary issues*, ed., Bromley, R.D.F. and Thomas, C.J., UCL Press, London, p. 44.
(4) Euro monitor (1987) *Grocery Distribution in Western Europe : 1987 report*, GB, p. 11.
(5) Wrigley, N., *op. cit.*, p. 41.
(6) 真部和義 (1997)「1980年代以降におけるイギリスの小売商業の構造的変化」『流通』Vol. 10, 84ページ。
(7) 川北稔編 (1998)『新版世界各国史11―イギリス史』山川出版社，403ペ

ージ。
(8) それらの買収がその後の経営活動にどうつながったかについては今後の課題であるが，1980年代以降の買収規模は，それ以前に比べて大きいとされる。詳しくは，以下を参照されたい。Burt, S., Davies, K., Marks, T. and Sparks, L. (1986) *Takeovers and Diversification within Retailing* (*Working paper 8604*), Institute for Retail Studies seminar series (University of Stirling).
(9) Burt, S. and Sparks, L., *op. cit.*, pp. 99-100.
(10) *Ibid.*, p. 99.
(11) *Ibid.*, p. 101.
(12) 前田重朗 (1998)「イギリスにおける都市計画と小売開発—1993年，96年のPPG6改定を中心に」『季刊経済研究』Vol. 21 (3), 72ページ。
(13) Burt, S. and Sparks, L., *op. cit.*, p. 104.
(14) 伊東理 (1997)「イギリスにおける小売商業の地域政策と小売商業の開発—(Ⅱ) 1980年代の展開—」『帝塚山大学教養学部紀要』第49巻, 30ページ。
(15) 同上論文, 30ページ。
(16) Guy, C.M. (1994) *The Retail Development Process-Location, Property and Planning*, Routledge, p. 78.
(17) 伊東理, 前掲論文, 37ページ。
(18) 同上論文, 37〜40ページ。
(19) 同上論文, 38ページ。
(20) Guy, C., *op. cit.*, pp. 158-159.
(21) 前田重朗, 前掲論文, 71〜72ページ。
(22) Fernie, J. (1998) "The breaking of the fourth wave : recent out-of-town retail developments in Britain," in *International Review of Retail Distribution and Consumer Research*, vol. 8 (3), pp. 303-304.
(23) 詳しくは，唐澤豊 (2000)『現代ロジスティクス概論』NTT出版, 1〜5ページを参照されたい。
(24) Christopherによれば，ロジスティクスとは，効果的なオーダー管理によって，現在および将来の収益性を極大化させ，経営組織とマーケティング・チャネルを通して原材料や部品，製品（および関連情報フロー）の調達，輸送，保管業務を戦略的にマネジメントするプロセスである，としている。〔Christopher, M. (1998) *Logistics and Supply Chain Management : Strategies for*

Reducing Cost and Improving Service (second edition), Financial Times Pitman Publishing, London, p. 4. （田中浩二監訳（2000）『ロジスティクス・マネジメント戦略—e ビジネスのためのサプライチェーン構築手法』株式会社ピアソン・エデュケーション，2ページ。）

(25) Bowersox, D. J. (1992) *Logistics Excellence*, Digital Press, pp. 4–6.

(26) Fernie, J. (1997) "Retail change and Retail Logistics in the United Kingdom: Past Trends and Future Prospects," in *The Service Industries Journal*, Vol. 17 (3), p. 383.

(27) 1980年代ごろから米国アパレル業界が安価な輸入商品に対抗する目的で導入した概念で，一般的にはQRと略される。詳しくは，補論を参照のこと。

(28) Efficient Consumer Responseの略。QRを食品流通領域に適用したものといえる。詳しくは補論を参照のこと。

(29) 中村実（1998）「サプライチェーン・マネジメントとは何か」，SCM研究会編『サプライチェーン・マネジメントがわかる本』日本能率協会マネジメントセンター，12~39ページ。

(30) Christopher, *op. cit.*, p. 16. （邦訳，14ページ。）

(31) Cooper, J. (ed.) *Logistics and Distribution Planning : Strategy for Management* (second edition), Kogan Page Ltd, 1994, p. 17.

(32) *Ibid.*, p. 17.

(33) 唐澤豊，前掲書，381ページ。

(34) Smith, D. (1999) "Logistics in Tesco: past, present and future," in *Logistics and Retail Management*, ed., Fernie, J. and Sparks, L., Kogan Page (UK), p. 161. （辰馬信男監訳（2008）『ロジスティクスと小売経営—イギリス小売業のサプライ・チェーン・マネジメント』白桃書房，188ページ。）

(35) Burt, S. and Sparks, L., *op. cit.*, p. 95.

(36) Smith, D., *op. cit.*, p. 161. （邦訳，188ページ。）

(37) *Ibid.*, p. 162. （邦訳，189ページ。）

(38) Powell. D. (1991) *Counter Revolution : The TESCO Story*, GraftonBooks, London, p. 170.

(39) *Ibid.*, p. 176.

(40) Smith, D., *op. cit.*, p. 161. （邦訳，189ページ。）

(41) Cooper, J., Browne, M. and Peters, M. (1994) *European logistics : markets,*

management and strategy (*second edition*), Blackwell Business, p. 109.
(42) Smith, D., *op. cit.*, p. 163. (邦訳，191 ページ。)
(43) *Ibid.*, p. 163. (邦訳，191 ページ。)
(44) *Ibid.*, p. 163. (邦訳，191 ページ。)
(45) *Ibid.*, p. 164. (邦訳，192 ページ。)
(46) Sparks, L. (1999) "The retail logistics transformation," in *Logistics and Retail Management*, ed., Fernie, J. and Sparks, L., Kogan Page (UK), p. 6. (前掲書 辰馬信男監訳 (2008)，6 ページ。)
(47) Wrigley, N. (1998) "How British retailers have shaped food choice," in *The Nation's Diet : The social science of food choice*, ed., Murcott, A. Longman, London, p. 116.
(48) Smith, D., *op. cit.*, pp. 166-167. (邦訳，194〜195 ページ。)
(49) デポとは，小型の物流拠点のことである。デポは小型で，小売店舗の近くに置かれ，多くの在庫を持たず，供給先に対して少量ずつ頻度の高い配送を行なう施設のことである。
(50) Smith, D., *op. cit.*, p. 168. (邦訳，196 ページ。)
(51) 矢作敏行 (2000)『欧州の小売イノベーション』白桃書房，151 ページ。
(52) 前掲書，151 ページ。
(53) 前掲書，151 ページ。
(54) 詳しくは，下記の論文を参照されたい。McKinnon, A.C. (1990) "Electronic data interchange in the retail supply chain," in *International Journal of Retail and Distribution Management*, 18 (2), pp. 39-42.
(55) Smith, D., *op. cit.*, pp. 169-170. (邦訳，197〜198 ページ。)
(56) *Ibid.*, p. 160. (邦訳，187 ページ。)

第4章

大規模食品小売業者における小売ブランド商品戦略の転換

第1節　はじめに

　イギリスの小売ブランド商品[1]戦略に関する研究は，イギリスにおいても豊富であるが，同時に日本においても研究の蓄積がある。その代表的な研究として矢作（2000）があげられる。矢作は，「企業の経営理念や競争行動が環境との関係でどのような影響を受け，展開されたのか，そして企業家たちの経営革新行動がどう歴史創造に貢献したのか」[2]という問題意識を述べた上で，市場構造と競争行動の両面からイギリスにおける小売ブランド商品の発展過程を分析し，イギリス小売業の上位集中化と小売ブランド商品比率には強い相関があると指摘している。

　さらに矢作（2000）は，Padberg（1968）[3]を参考にして小売業者の小売ブランド商品開発の動機を①競争差別化手段，②利益確保の手段，③商品の供給確保の手段，④ストア・ロイヤリティ向上の手段という，4

つにまとめている。その際，競争手段としての小売ブランド商品開発戦略を価格と品質の2軸からとらえ，「NB（National Brand）との競争差別化において価格重視か，品質重視かという，大きく2つの方向性を想定」[4]して議論を展開している。矢作（2000）は，小売ブランド商品戦略について，起源から近年に至る発展過程を詳細にとらえた研究であり，本研究にとって多くの示唆を与えるものである。

　そのため，本章では矢作（2000）の小売ブランド商品戦略に関する研究をふまえながら，大規模食品小売業者による小売ブランド商品戦略がイギリスの食料消費の変化にいかなる影響を及ぼしたのかを考察する。ただ，これまでの小売ブランド商品戦略に関する研究の多くは，メーカーブランド商品に対する競争優位の戦略という観点から分析がなされてはいるものの，ほとんどの研究においてはメーカーブランド商品に関する分析が暗黙的に欠如しているきらいがある。そのため具体的な例として，1970年代から80年代に普及した小売ブランド商品のなかで多くを占めていた冷凍食品について，特に，冷凍食品メーカー，バーズ・アイ・ウォールズ（Birds Eye Walls, 以下，バーズ・アイ社）[5]商品と小売ブランド商品との競争状況について論述する。次に，1980年代から生じた，小売ブランド商品の高品質志向，または高付加価値型戦略への転換について触れ，調理済み食品（ready meals）の開発の実態について分析する。さらに，小売ブランド商品の市場シェアが1980年代を通じて拡大を続けた理由について考察し，最後に新商品開発と品質管理の高度化について分析する。

第2節　メーカーブランド商品に対する
　　　小売ブランド商品の発展

　第3章ですでに検討したように，イギリスでは製造業者の集中度よりも小売業者の集中度が高く，1980年代以降，イギリスの食品小売業は上位集中化が進み，その結果として小売ブランド商品の市場シェアが拡大した。大規模小売業者による小売ブランド商品の開発は，小売業者の上位集中化を基礎にバイイング・パワーを高めることにより，「生産・流通段階への介入と統制が可能」[6]となり，小売ブランド商品の開発・販売活動が，より本格的になっている。しかし，1970年代以前まではこのような状況が進展していたわけではなく，大手食品メーカーが市場を支配していた。

　イギリス最初の冷凍食品メーカーであるバーズ・アイ社の歴史について触れておく。世界最初の冷凍食品メーカーの創始者であるクラレンス・バーズアイ氏（Clarence Birdseye）は，アメリカにおいて冷凍技術の開発とともに1924年にゼネラル・シーフード社（General Seafood）を設立し，1925年にマサチューセッツ州（米）に工場を設置した。その後，1929年に同社は，会社と冷凍技術の特許をゴールドマン・サックス社（Goldman Sachs）に売却することとなった。さらに，ゼネラル・フーズ社（General Foods, 米）がゴールドマン・サックス社からそれらを買いとったことによって，同社はゼネラル・フーズ社の子会社となり，1930年にバーズ・アイ冷凍食品会社を設立した。そして，マサチューセッツ

州で最初の冷凍魚や冷凍肉，冷凍野菜などの生産を開始したのである[7]。1938年にはイギリスにわたり，バーズ・アイ社がスタートすることとなる。その後，第2次世界大戦後には，バーズ・アイ社はアメリカのユニリーバ社（Unilever）の傘下に入り，イギリス最大の冷凍食品メーカーとして発展した[8]。

DaviesとCarr（1998）によれば，バーズ・アイ社は，他の冷凍食品メーカーの追随を許さず，すでに1960年代から冷凍食品業界を独占していた。バーズ・アイ社の食品冷凍技術は，すでに1926年に開発された急速冷凍機（Quick Freeze Machine）が基礎となっていた。その後，改良を重ね，個別急速冷凍技術（Individually Quick Frozen Technology）が開発され，従来の冷凍食品と比較して品質の損耗が少ないという成果をもたらした。それによって，簡便性（convenience）だけでなく，冷凍食品の品質維持という他社にはない優位性を発揮することができた[9]。

バーズ・アイ社は，また1950年代後半からマーケティング活動を活発に行なった。特に，1957年には広告活動において成功をおさめ，いくつかの商品のうち，チキン・パイ（Birds Eye Chicken Pie）がバーズ・アイ社の定番商品として確立することとなった。その後，1963年には上半期だけで50万ポンドの資金をさらに投入し，テレビ・コマーシャルを通じた広告活動をより活発に行なった。その結果，イギリスの食品分野の広告支出総額はケロッグ社（Kellogg）につぐ第2位の規模に達していた[10]。

バーズ・アイ社の販売活動についてGeroskiとVlassopoulos（1991）によれば，バーズ・アイ社は，少数の選別した中小規模の小売業者に対して，「前年の製品の売上高から算出して取引価格を提示し，（提示価格

第2節　メーカーブランド商品に対する小売ブランド商品の発展　111

を元に）棚スペースに（バーズ・アイ社の）製品を並ばせる」[11]という方法で価格の差別化を行なったとされる。つまり，バーズ・アイ社のブランドを確立するために中小規模の小売店（独立店）への価格をコントロールし，市場シェアを拡大していたのである。

同社は近年においても冷凍食品メーカーのトップ企業であるが，およそ1970年代後半からは冷凍食品業界に大きな変化が生じることとなった。それは図4-1のように，小売ブランド商品の市場シェアが高まったことである。つまり，1970年に6%だった冷凍食品小売ブランド商品

図4-1　イギリスにおけるバーズ・アイ社と小売ブランド商品の冷凍食品市場シェアの変化

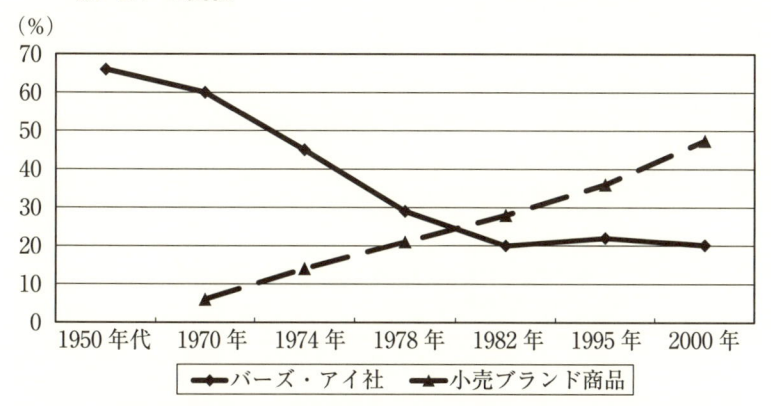

(注1)　1950年代のバーズ・アイ社の市場シェアは平均値である。
(注2)　データは売上高ベースである。
〔出所〕　①バーズ・アイ社のホームページ（http://www.birdseyefoodservice.com/about/history/）（アクセス日：2010.10.10），② Geroski, P. and Vlassopoulos, T. "The rise and fall of a market leader : Frozen foods in the UK," in *Strategic Management Journal*, Vol. 12 (6), 1991, p. 475. ③ Retail Intelligence, *Consumer goods Europe*, No. 465, 2001, August, p. 149. ④ *The Grocer*, 17, February, 1996, p. 38. ⑤ Grant, R. M. "Birds eye and UK frozen food industry," in *Cases in Contemporary Strategy Analysis* : third edition, ed., Grant, R. M. and Neupert, K. E., Wiley Blackwell, 2003, p. 249 より筆者作成。

の市場シェアが，1974年には14%にのぼり，1982年には28%にのぼったのである。しかし，他方，冷凍食品市場におけるバーズ・アイ社のシェアは1950年代には平均66%だったものが，1974年に45%，そして1982年代には20%に低下した[12]。

最近の状況を補足的にみると，表4-1のように，バーズ・アイ社の市場シェアは，他の食品メーカーに比べて圧倒的なシェアを維持している

表4-1　イギリスにおける全冷凍食品に占める主要なメーカーのシェア(2000年)

Birds Eye Walls	20.1
Heinz	5.0
Youngs/Bluecrest	3.6
McCain	3.5
Sara Lee	2.1
Schwans	1.7
Nestle	1.5
Grand Met.	1.4
Bernard Matthews	1.3
Green Isle	1.2
Dalepak	0.8
RHM	0.6
その他	9.8
小売ブランド	47.4
合計	100.0

（注）データは売上高ベース，単位は%である。
〔出所〕Retail Intelligence, *Consumer goods Europe*, No. 465, 2001, August, p. 149.
〔原典〕*Birds Eye Walls ; trade estimates.*

第2節　メーカーブランド商品に対する小売ブランド商品の発展　113

ものの，2000年時点で20%程度にとどまっており，小売ブランド商品の市場シェアは47.4%に達している。

また，表4-2のように，2000年の小売ブランド商品のカテゴリー別の占有率でみると，バーズ・アイ社は冷凍魚類，冷凍調理済み食品類，アイスクリーム類，冷凍野菜類の分野で高い割合を示しており，デザート類はサラ・リー社（Sara Lee）が，冷凍ポテト類はマッケイン社（McCain）がそれぞれ高いシェアを示している。しかし，すべてのカテゴリーにおいて小売ブランド商品のシェアは40%を超えており，冷凍野菜においては70%を超えている。

表4-2　イギリスにおけるカテゴリー別の主要な冷凍食品メーカーの割合（2000年）

	魚	レディ・ミール	アイスクリーム	野菜	デザート	ポテト
Birds Eye Walls	25.9	18.0	33.4	20.5	0.7	8.2
Heinz	0.5	12.2	2.1	1.2	11.6	8.6
Youngs/Bluecrest	21.9	—	—	—	—	—
McCain	—	—	—	—	—	34.7
Sara Lee	—	—	—	—	23.3	—
Nestle	1.0	6.5	0.8	—	—	—
Grand Met.	—	—	9.5	—	—	—
RHM	—	—	—	—	5.5	—
その他	3.1	16.7	13.9	6.2	10.5	3.0
小売ブランド	47.6	46.6	40.3	72.1	48.4	45.5
合計	100.0	100.0	100.0	100.0	100.0	100.0

（注）　データは売上高ベース，単位は%である。
〔出所〕　Retail Intelligence, *Consumer goods Europe*, No. 465, 2001, August, p. 150 より一部引用。
〔原典〕　*Birds Eye Walls ; trade estimates*.

このように1970年代半ばまで冷凍食品メーカーのトップ企業であったバーズ・アイ社は，1980年代から市場シェアを奪われ，それに変わって小売ブランド商品が高いシェアを保持することとなった。その理由は，GeroskiとVlassopoulos (1991) が示すように，第1に，1964年の再販売価格維持制度の廃止を契機に，大規模食品小売業において値引き競争が激しく展開されたことによる。第2に，バーズ・アイ社の冷凍食品を販売する店舗の数が，1966年の130,000店舗から1979年の87,000店舗に減少し，取引量の減少が生じたためである。つまり，大規模食品小売業のバイイング・パワーが増大したことによって大量販売が可能となり，市場でのパワー・バランスがメーカーから小売業にシフトした背景があったからである[13]。

第3節　1980年代からの小売ブランド商品戦略の転換

表4-3のように，加工食品の小売ブランド商品の割合は企業別には異なった傾向がみられる。1977年から1990年まで，たとえば，アズダ社は7.6%から30.6%に達しており，セインズベリ社では53.4%を示している[14]。ただし，セインズベリ社で一時的に低下傾向をみせていることについて矢作 (2000) は，小売ブランド商品の開発が際限なく進むわけではなく，メーカー商品との商品構成のバランスを模索する動きが反映されたものであるとしている[15]。つまり，この時期にチェーン全体の数値が上昇したことからも小売ブランド商品比率が高まったことは明らかであるが，小売ブランド商品を一定水準に保ちながら小売ブランド

第3節　1980年代からの小売ブランド商品戦略の転換　115

表4-3　イギリスにおける加工食品の売上高に占める小売ブランド商品の割合(%)

年	1977年	1980年	1983年	1985年	1987年	1989年	1990年
小売店全体	23.1	22.2	26.2	28.0	29.1	29.4	30.5
チェーンストア全体	—	—	—	29.0	31.2	32.3	33.0
セインズベリ社	63.0	54.2	53.3	56.0	55.4	54.8	53.4
テスコ社	23.3	20.8	30.3	36.2	34.0	38.0	39.4
ウェイトローズ社	40.9	42.4	47.7	38.3	41.0	40.4	38.3
セーフウェイ社(アーガイルを含む)	31.8	27.6	33.8	35.7	36.0	33.5	33.1
アズダ社	7.6	6.4	6.5	7.6	28.1	29.8	30.6

〔出所〕　Burt, S. and Davis, S., "Follow my leader? Lookalike retailer brands in non-manufacturer-dominated product markets in the UK," in *International Review of Retail Distribution and Consumer Research*, vol. 9(2), 1999, p. 170 より一部引用。
〔原典〕　AGB/TCA 73 加工食品分野データより。

商品戦略を展開していたといえよう。

　これに関連してWrigley (1998) は，表4-4のように，上位4社の小売ブランド商品比率の変化を指摘した。セインズベリ社は，1980年からほぼ横ばい状態で高いシェアを維持していた。他の3社はこの時期，小売ブランド商品比率を上昇させ，1995年時点では加工食品の小売ブランド商品比率を40%以上に増大させているのがわかる。つまり，メーカー商品とのバランスを考慮していたかどうかは別としても，この時期に各社において小売ブランド商品戦略の重要性が認識されたと考えられる。

　1980年代から90年代半ばにかけてのイギリスの小売ブランド商品は，量だけでなく質的にも大きな成長を遂げており，テスコ社，セインズベリ社，セーフウェイ社などの大規模小売業者の市場シェアが高い状況が続いている。

表4-4 イギリスにおける上位4社の加工食品小売ブランド商品比率の変化

	1980年	1992年	1995年
セインズベリ社	54	55	56
テスコ社	21	41	48
セーフウェイ社(アーガイルを含む)	28	35	44
アズダ社	5	32	41

(注) データは金額ベース，単位は％である。
〔出所〕 Wrigley, N., "How British retailers have shaped food choice," in The Nation's Diet-*The social science of food choice*, ed., Murcott, A., Longman, London, 1998, p. 117.
〔原典〕 AGB Superpanel.

　イギリスは小売ブランド商品の歴史が古く，すでに19世紀後半には消費者協同組合において小麦粉，砂糖，塩など生活必需品の多くの分野で小売ブランド商品が導入され，消費者の支持を得ていた[16]。それは，協同組合がいち早く加工食品の製造を始める一方で，海外を含めて産地・メーカーからの大量仕入を実現したイギリス最初の流通企業となった[17]という背景によるものであった。

　第2次世界大戦後の小売ブランド商品の発展については，すでに矢作(2000)において整理がなされている。それによれば，1960年代から1970年代の時期（模索期）においては，1964年の再販売価格維持制度の廃止によって，大量仕入力に勝るチェーン小売業の競争優位が明白となった。メーカーの価格支配力は弱まり，大量購買力による価格引下げが可能なチェーン・ストアの価格決定権が強まった時期であった。1970年代までの小売ブランド商品は，いわゆる「メーカー商品の類似品」や「低価格による大量販売」がおもな傾向であった[18]。この時期に小売ブ

ランド商品のシェアは拡大を続けたのであるが，1970年代後半はクイック・セーブなどのディスカウント・ストアの台頭によって一時的にシェアを減少させた。

　このことにさらに影響を与えた要因が，フランスのカルフール社や当時のインターナショナル社が導入した「ジェネリック」商品の導入であった。McGoldrick (1984) によれば，ジェネリック商品はブランド名を付けず，簡素化した単色のパッケージングになっており，小売ブランド商品のなかではもっとも低価格で提供されるものである[19]としている。ブランド名を付けず，低価格，低品質の商品であったジェネリックは，「インフレの進行，過剰設備，消費者の価格志向，大規模小売企業のパワーの増大を背景に生まれたが，1980年代半ばまでに失速」[20]することとなった。

　その後，1980年代から1990年代の時期（拡充期）の小売ブランド商品戦略は，それまでとは異なった発展形態をみせた。特に，第3章ですでに考察したように，それまでの低価格訴求の戦略から高品質訴求への戦略転換が進むことになった。この時期に小売ブランド商品が品質重視に向かった理由について，矢作 (2000) は，イギリスの小売ブランド戦略が1980年代以降に転換した（高品質に向かった）主要な目的は，①利益確保の手段，②ストア・ロイヤリティの強化であるとした。特に②に関しては，「品質の高いPBを提供することでストア・イメージを高め，顧客の固定化を図る戦略的意義が認識された」と指摘し，「PB比率が80年代から90年代にかけて上昇する過程でストア・イメージを高めて，顧客のストア・ロイヤリティを強化するPB戦略が意識」[21]されたと述べている。

さらに，既述のように，それまで低価格販売がメインであった小売ブランド商品において，1978年に生じたテスコ社とセインズベリ社による低価格競争が激しさを増すなか，小売ブランド商品は低価格＝低品質のイメージを植えつけることとなった[22]。その理由は，メーカー商品の値引き販売が広がりをみせたことによって，競争差別化の源泉となる小売ブランド商品は，それ以上に値引きをする必要性が生じ，メーカー商品との価格差が発生してしまったからである。つまり高品質化は，低価格の小売ブランド商品が低品質であるという「(1970年代までの低価格乱売商品の) イメージを払拭するための策」として推進されたのであった。

　1980年代にかけての小売ブランド商品は，「一部の強力なメーカー商品であるベークト・ビーンズ (baked beans, 市場シェアは35％)，ヨーグルト製品 (45％) やトイレットペーパー (50％) を除いた，特定の加工食品の品質の向上および革新的なパッケージングによって，優れた小売ブランド商品の提供を可能に」[23]したのであった。1980年代半ばからは，テスコ社やセインズベリ社といった大規模な食品小売業者によって，小売ブランド商品は品質の向上に重点が置かれるようになったのである。このことが，近年のプレミアム・ブランド商品への引き金になったととらえられよう。

　イギリスの主要な小売業者による小売ブランド商品のシェアは，特に1980年代に飛躍的に拡大し，製造業者ブランド商品に取って代わった。それは，1970年代終わりと1980年代初めにおける小売業者のノーブランド戦略が，「市場が高級化していくなかで一掃され，小売ブランドが主要な製造業者ブランドに強力に対抗するものとして出現した」[24]から

である。すなわち，1980年代にかけてジェネリック商品が市場から淘汰されるなかで，大規模小売業者がそれまでの小売ブランド商品戦略を品質重視へ見直していったのが1980年代半ばからのことであった。

第4節　高付加価値型商品としての調理済み食品の誕生

　調理済み食品とは，一般的な冷凍・冷蔵食品とは違い，すでに調理がされている食品のことで，「プレミアム・コンビニエンス製品として高い付加価値をもつ」[25]商品である。冷凍保存された調理済みのカット野菜から電子レンジなどで温めてすぐに食すことができるものまで，近年，多様な食品が開発されている。

　1980年代前半までの初期の調理済み食品は，冷凍保存されたものでオーブン・ミール（oven meals：オーブンによって食品が温められたため）とも呼ばれていた。グローサー誌（*The Grocer*, 15, June, 1985）によれば，調理済み食品はすでに1985年時点で，働く女性と単身世帯の増大に対応して巨大な成長（5,000万ポンド＝AGB調査）が見込まれていた[26]。実際，1980年代に10億ポンドを超える売上げをみせた調理済み食品は，1980年代半ば以降，冷蔵保存の調理済み食品に発展し，イギリス消費者の所得の上昇とともに，それら簡便食品の成長が続いた[27]。

　さらに，DaviesとCarr（1998）によれば，調理済み食品は，第1に，それまでの調理済み食品とは温度管理が異なり，食品メーカーから小売店へ届けられる際のロジスティクス管理の必要があること，第2に，見栄えを良くし，冷凍食品とは違って型崩れしやすいため，特殊な素材を

用いてパッケージにこだわる必要があること，第3に，消費者に対して優れた高品質な商品を提供する必要があるという3つの理由から，高価格帯（premium prices）の商品となった[28]。ロジスティクスに関しては，それまでの冷凍のものと比較して日持ちしない調理済み食品が，温度帯管理のもとで配送効率を最適化することが求められた点に関連づけられる。つまり，第3章のテスコ社の事例からも確認できたように，1990年代前半にはほぼ全国的に整備が完了した複合物流センターにおいて各商品が温度帯別に管理されていることによって，調理済み食品の商品管理を最適化できるシステムが構築されている点に関連しているといえよう。

この調理済み食品は，その後，冷凍食品業界全体の売上げに影響を与えることとなり，そのおもな原因が，調理済み食品に必要な家庭内における家電の普及と，大規模小売業者による小売ブランド商品の開発であった。家電の普及については，1991年時点で，世帯の55%が電子レンジを保有していて，大型冷蔵庫は同年，83%が所有していた[29]。

また，小売ブランド商品開発の先駆的な存在であったのは，「セント・マイケル（St. Micheal）」ブランドをかかげた，100%小売ブランド商品の品揃えを誇るマークス・アンド・スペンサー社（Marks & Spencer，以下，M＆S社）であった[30]。DaviesとCarr（1998）によれば，1985年にM＆S社が開発した「ロースト・チキン・レディ・ミール」は，他の小売業者の小売ブランド商品の高級化（up-market）をもたらすきっかけとなり[31]，調理済み食品の先駆的な存在となった。

それに追随する形で，テスコ社やセインズベリ社，セーフウェイ社がそれぞれ開発に乗り出したことによって，1960年代と1970年代に著し

い発展をみせた冷凍食品ビジネスが，大規模食品小売業者の調理済み食品の開発によって1980年代から変化することになったのであった[32]。

このことに関連してグローサー誌（The Grocer, 17, August, 1985）は，ミンテル（Mintel，〔英・調査会社〕）の調査結果を取り上げている。それによれば，1985年の3月の調査において，主婦の9割が冷凍食品を購入していることが明らかになった。そして冷凍食品市場の高い成長率を指摘しつつも，冷凍食品とレトルト食品に対して，今後は冷蔵食品が強力な挑戦者になることを明らかにしている[33]。

表4-5は，売上高に占めるカテゴリー別にみた小売ブランド商品の割合を表している。1997年時点で，調理済み食品の小売ブランド商品比率が，他のカテゴリーと比べて高くなっている。その割合は，小売店全

表4-5　イギリスにおける売上高に占めるカテゴリー別の小売ブランド商品の割合（1997年）

	加工食品	乳製品	調理済み食品	冷凍食品	パン	菓子	飲料	日用雑貨
小売店全体	36.0	65.9	85.5	47.9	64.0	15.9	37.2	19.6
セインズベリ社	47.5	65.9	91.0	57.9	70.2	20.2	51.8	21.9
テスコ社	39.3	63.4	88.1	52.1	75.1	16.2	44.9	21.1
セーフウェイ社	36.0	61.5	84.6	45.5	67.5	13.2	41.6	17.6
アズダ社	41.9	60.0	88.0	55.8	64.2	19.5	40.6	24.5
クイック・セーブ社	17.1	9.6	52.2	15.3	23.8	8.1	8.9	10.1
生活協同組合	24.1	53.3	75.6	24.1	40.8	4.1	29.6	11.3
ウエイトローズ社	35.4	61.5	82.1	40.5	64.6	23.9	32.0	10.6

（注）　単位は％である。
〔出所〕　Burt, S., "The strategic role of retail brands in British grocery retailing," in *European Journal of Marketing*, vol. 34(8), 2000, p. 878. より一部引用。
〔原典〕　AC Nielsen Homescan.

体では85.5%であるが，セインズベリ社では91%，テスコ社では88%にのぼっている。

グローサー誌（*The Grocer*, 11, December, 1993）によれば，ヴァーディクト（Verdict〔英・調査会社〕）からインタビューを受けた消費者の約7割は，小売ブランド商品の質がメーカーブランド商品のそれと等しいと答えたという。さらに，小売ブランド商品に対して，顧客の83%が「メーカーブランドの同じ価格の商品と同程度に優れている」と答え，大規模食品小売業者の小売ブランド商品は評価されたという[34]。当時の小売ブランド商品の発展がうかがえる事実である。

さらに，グローサー誌（*The Grocer*, 23, April, 1994）は，モーリー（MORI,〔英・調査会社〕）の調査結果を掲載している。それによれば，小売ブランド商品を購入した359名を対象に「どうして小売ブランド商品を購入したのか（複数回答）」という問いかけに対して，次のような回答が得られた[35]。

> ▶「メーカーブランド商品よりも安いから（42%）」
> ▶「小売ブランドは価格に見合う価値（value）があり，信頼（trust）できるから（35%）」
> ▶「小売ブランドのほうがより優れた価値を提供するから（33%）」
> ▶「メーカーブランド商品と同様の品質だから（26%）」
> ▶「ほとんどがこれまでメーカーがつくってきたものといっしょだから（21%）」
> ▶「メーカーブランド商品と同様のパッケージだから（19%）」

これらのことは，小売ブランド商品の消費者への浸透率が高く，価格の安さだけでなく，品質に対しても小売ブランド商品が高い評価を得て

いたことがうかがえる。

このように1980年代を通じてイギリスの小売ブランド商品のシェアは拡大をしたのであるが，拡大し続けた理由について，Wrigley（1998）は，3つの点を上げている[36]。

第1に，1980年代に市場の優位性，収益性，そして大規模食品小売業者がサプライ・チェーンを管理できたことによって，製品仕様，製品開発，パッケージと品質のテストなどの製品管理が容易にできたからである。第2に，1980年代は大規模食品小売業者が品質の劣る，安いジェネリックまたはサブ・ブランドから脱皮し，高品質の小売ブランド商品が提供できたからである。第3に，すでに1983年から最先端の技術で調理済み食品が開発され，1990年代初めには，年間3億ポンドの市場が形成されていたことである。

このような市場規模はアメリカなどの諸外国においても1990年代半ばまでには形成されていなかった。つまり，高級化市場に向けた戦略転換が，小売業者の技術革新を基礎にした調理済み食品の開発によって達成できたのである。

このように1980年代半ばに誕生した調理済み食品は，1980年代からの高品質志向にちなんだ高付加価値型食料品として発展し，主要な食品小売業者の市場行動によって先駆的な高付加価値型小売ブランド商品を確立することに成功した。このことが1980年代からの食料消費に影響を及ぼし，食生活を大きく変える食品となったことを示しているのである。

第5節　新商品開発と品質管理の高度化

　既述のように，小売業者による小売ブランド商品は，1970年代まではおもに低価格訴求を重視するものであった。1978年に主要な大規模食品小売業者による活発な値引きが展開されたことで，消費者にとって小売ブランド商品とは低価格で低品質の商品であるとのイメージを植え付けることとなった。

　1980年代以降，小売ブランド商品の高品質化が進んだ。しかし，単に高級化に向かっただけでなく，大規模食品小売業者によって，新製品開発が活発に行なわれてきた。小売業者によって差はあるものの，たとえば，セインズベリ社は1998年時点で9,500品目数に対して年間1,100品目の新製品を投入し，10%を越す新製品投入率を保持しており，またテスコ社も同年，「6,500品目数に対して，2,000品目の新製品を導入」[37]し，新製品投入率は30%にのぼっている。

　また，既述の1980年代半ばより市場に登場した調理済み食品についても，主要な小売業者によって活発な新製品開発とともに小売ブランド商品ラインの拡大が進められてきた。Coxら（2003）の調査によれば，新製品開発の際，小売業者と取引関係をもつ「供給業者との長期的な計画」[38]の下で，新しい製品アイデアをお互いに提案しあい，消費者のトレンドも取り入れながら密接な戦略同盟を基礎にした開発を行なっているという。その結果，イギリスにおける小売ブランド商品としての調理済み食品の市場シェアは，1995年時点でおよそ95%に達しており[39]，

残る 5% はメーカー商品であった。

次に，大規模食品小売業者による品質管理の高度化については，すでに 1970 年代から行なわれてきた。Omar (1995) によれば，大規模食品小売業者が 1970 年代から，「食品技術部 (food technology department)」を拡大している。それはたとえば，特定の温度管理下で新しいタイプのパッケージをテストすることや品質管理および食品衛生保存の監督，顧客苦情の分析，サプライヤーに小売ブランド商品の品質の一貫性を保証するように指示するなど，多岐にわたっている[40]。

このことに関連して Senker (1989) は，活発な新製品開発と，その結果としての高い小売ブランド商品比率を可能にしているテクニカル・スタッフ (technical staff，専門技術者) の存在を指摘している[41]。それは，表 4-6 のように，1970 年代から小売ブランド商品比率が 50% を超えていたセインズベリ社の場合，1975 年の 100 人から 1985 年の 130 人にテクニカル・スタッフを増員させ，テスコ社の場合も同年，9 人から 112 人にスタッフが増強されたことである。

表 4-6　イギリスの主要小売業におけるテクニカル・スタッフ数の変化

	1975 年	1980 年	1985 年
セインズベリ社	100	100	130
テスコ社	9	40	112
マークス・アンド・スペンサー社	43	56	69
セーフウェイ社（アーガイル社を含まない）	14	20	27
アズダ社	15	21	27

（注）　データは，Senker (1989) の調査によるもので，単位は 1 人である。
〔出所〕　Senker, J., "Food retailing, technology and its relation to competitive strategy," in *Technology Strategy and the Firm*, ed., Dodgson, M., Longman, London, 1989, p. 139.

このテクニカル・スタッフの存在により小売ブランド商品は「小売・サプライヤー関係を自社の望む方向に展開し，効果的に管理」[42]できるようになったのである。それゆえ，このようなテクニカル・スタッフのバックアップ体制のもとで，テスコ社は「健康的な食事（healthy eating）」というキャンペーンを，1985年という早い時期に実施する[43]こととなり，その後の健康志向を促したのであった。

第6節　おわりに

　これまでイギリス食料消費の変化に影響を及ぼした要因として小売ブランド商品戦略の変遷を分析した。

　冷凍食品メーカーであるバーズ・アイ社は，1970年代から小売ブランド商品によって市場シェアを奪われていき，バーズ・アイ社の市場シェアは，1950年代平均66%から1982年には20%に低下することとなった。このことは，単に小売ブランド商品の市場シェアが増大しただけでなく，1980年代半ばから開発が始まった高付加価値型商品である調理済み食品の市場シェアが拡大したことによるものであった。

　大規模食品小売業者による小売ブランド商品戦略は，1970年代にはおもに低価格訴求を重視するものであった。1978年に主要な大規模食品小売業者による活発な値引きが展開されたことで，消費者にとって小売ブランド商品とは低価格で低品質の商品であるというイメージが付けられ，それを払拭するために1980年代から小売ブランド商品の高品質化が取り組まれることになった。それはストア・ロイヤリティの強化を

目的とした小売業者の戦略であった。消費者のストア・ロイヤリティが高まり，長期的な顧客の囲い込みを目指すとき，小売ブランド商品戦略がその重要な手段の1つとなったのである。

また，1980年代以降，大規模食品小売業者による，新製品開発が活発に行なわれ，テスコ社は1998年時点で，新製品投入率が30%にのぼっていた。さらに，この時期，品質管理の高度化が進展し，テクニカル・スタッフの増員が主要な小売業においてみられた。品質管理だけでなく，食品技術部を通じて食品衛生保存の監督，顧客苦情の分析など，徹底した管理体制が整備されていたのである。

大規模食品小売業者の小売ブランド商品は，1980年代から品質重視への傾向を強めていき，高付加価値型商品である調理済み食品の開発によって冷凍・冷蔵食品市場での高い市場シェアを獲得するとともに，消費者の支持を得られる食品として成長してきたのであった。1980年代からの食料消費の変化は，消費者自身の変化とともに，大規模な小売業者の市場行動に影響を受けたことによって，食生活の簡便化と高度化が促されてきたと考えられる。

(注)
(1) 小売業者がメーカーなどに委託して生産する商品のことを，一般的には private brand，略してPB商品と表記するが，イギリスではこのような商品のことを own label, own brand, retail brand などと表記するため，本章を通じては「小売ブランド商品」と表記を統一した。
(2) 矢作敏行（2000）『欧州の小売イノベーション』白桃書房，167ページ。
(3) Padberg, D. I.（1968）*Economics of Food Retailing*, Cornell University.

（4） 矢作敏行，前掲書，167〜168ページ。
（5） なお，ヨーロッパ地区はユニリーバ社の資本，アメリカは独立資本，オーストラリアはSimplot Australia社の資本である。
（6） 矢作敏行，前掲書，166ページ。
（7） Retail Intelligence (2001) *Consumer goods Europe*, No. 465, August, p. 150. およびGrant, R. M. (2003) "Birds eye and UK frozen food industry," in *Cases in Contemporary Strategy Analysis : third edition*, ed., Grant, R. M. and Neupert, K. E., WileyBlackwell, pp. 243-244.
（8） アメリカにおけるバーズ・アイ社の発展については，以下を参照されたい。Hamilton, S. (2003) "The Economies and Conveniences of Modern-Day Living : Frozen Foods and Mass Marketing, 1945-1965," in *The Business History Review*, Vol. 77 (1), pp. 33-60.
（9） Davies, D. and Carr, A. (1998) *When it's time to make a choice : 50years of frozen food in Britain*, The British Frozen Food Federation, p. 36.
（10） *Ibid.*, p. 38.
（11） Geroski, P. and Vlassopoulos, T. (1991) "The rise and fall of a market leader : Frozen foods in the UK," in *Strategic Management Journal*, Vol. 12 (6), p. 473.
（12） Grant, R. M. (2003) "Birds eye and UK frozen food industry," in *Cases in Contemporary Strategy Analysis : third edition*, ed., Grant, R. M. and Neupert, K. E., Wiley Blackwell, p. 249. バーズ・アイ社のホームページ（http://www.birdseyefoodservice.com/about/history/）より引用（アクセス日：2010.10.10）。
（13） Geroski, P. and Vlassopoulos, T., *op. cit.*, p. 474.
（14） 1970年代後半から1980年代初めにかけての加工食品分野における小売ブランド商品についての詳細な分析は，以下の論文を参照されたい。Simmons, M. and Meredith, B. (1984) "Own label profile and purpose," in *Journal of the Market Research Society*, Vol. 26 (1), pp. 3-27.
（15） 矢作敏行，前掲書，187ページ。なお，小売ブランド商品の比率をめぐっては，小売ブランド商品の開発が際限なく進むわけではなく，メーカー商品と小売ブランド商品との品揃え上のバランスが必要になるとの議論がある。
（16） イギリスの小売業の歴史に関しては，たとえば，Benson, J. and Shaw, G.

(1992) (ed.) *The evolution of retail systems, c. 1800-1914*, Leicester University Press, London. (前田重朗他訳 (1996)『小売システムの歴史的発展—1800年〜1914年のイギリス,ドイツ,カナダにおける小売業のダイナミズム—』中央大学出版部)が参考になる。
(17) 矢作敏行,前掲書,169ページ。
(18) Burt, S. and Davis, S. (1999) "Follow my leader? Lookalike retailer brands in non-manufacturer-dominated product markets in the UK," in *International Review of Retail Distribution and Consumer Research*, vol. 9 (2), pp. 167-168.
(19) McGoldrick, P. J. (1984) "Grocery generics : An extension of the private label concept," in *European Journal of Marketing*, Vol. 18 (1), p. 5.
なお,小売ブランドの種類や製品属性などについては,以下を参照されたい。
Laaksonen, H. and Reynolds, J. (1994) "Own brands in food retailing across Europe," in *The Journal of Brand Management*, vol. 2 (1), pp. 37-46.
(20) 矢作敏行,前掲書,184ページ。
(21) 同上書,192ページ。
(22) Burt, S. and Davis, S., *op. cit.*, pp. 168-169.
(23) *Ibid.*, p. 169.
(24) Burt, S. and Sparks, L. (1999) "Structural change in grocery retailing in Great Britain : a discount reorientation?," in *Post 1945 : retail revolutions-The retailing industry* (*Tauris industrial histories*) *Volume. 3*, Benson, J. and Shaw, G. (ed), St Martin's press, GB, p. 100.
(25) Cox, H., Mowatt, S. and Prevezer, M. (2003) "New product development and product supply within a network setting : The chilled ready-meal industry in the UK," in *Industry and Innovation*, Vol. 10 (2), p. 201.
(26) *The Grocer*, 15, June, 1985, p. 20.
(27) Davies, D. and Carr, A., *op. cit.*, p. 62.
(28) *Ibid.*, p. 62.
(29) Office of Population Censuses and Surveys, *Living in Britain : results from the General household survey* (No. 1995), London, HMSO, p. 39.
(30) 本書において,具体的にM&S社の調理済み食品を取り上げなかった理由は,当時,100%の小売ブランド商品の品揃えをしていたという意味で小売業としての主体性がテスコ社やセインズベリ社などとは異なり,特殊だと考えた

からである。この点については今後の課題である。なお，M＆S社の歴史については，以下を参照されたい。

戸田優美子「マークス＆スペンサー——100％ プライベート・ブランドの店」，マーケティング史研究会編『ヨーロッパの小売業——その史的展開』同文舘出版，115〜139ページ。

(31) Davies, D. and Carr, A., *op. cit.*, p. 63.
(32) *Ibid.*, pp. 62-63.
(33) *The Grocer*, 17, August, 1985, p. 11.
(34) *The Grocer*, 11, December, 1993, p. 8.
(35) *The Grocer*, 23, April, 1994, p. 13.
(36) Wrigley, N. (1998) "How British retailers have shaped food choice," in *The Nation's Diet : The social science of food choice*, ed., Murcott, A., Longman, London, pp. 118-120.
(37) 矢作敏行，前掲書，194ページ。
(38) Cox, H., Mowatt, S. and Prevezer, M., *op. cit.*, p. 204.
(39) *Ibid.*, p. 201.
(40) Omar, O. E. (1995) "Retail influence on food technology and innovation," in *International Journal of Retail & Distribution Management*, Vol. 23 (3), p. 14.
(41) Senker, J. (1989) "Food retailing, technology and its relation to competitive strategy," in *Technology Strategy and the Firm*, ed., Dodgson, M., Longman, London, pp. 138-139.
(42) 矢作敏行，前掲書，202ページ。
(43) Powell, D. (1991) *Counter Revolution : The TESCO Story*, GraftonBooks, London, p. 200.

終章

結論と残された課題

第1節　本研究の要約と結論

　イギリスにおける1980年代から90年代半ばにかけて生じた食料消費の変化の特徴は，食生活の簡便化にあった。食品の1人あたりの消費量について1984年と1995年を比較した結果，12年の間に，調理・加工処理が行なわれた食品や冷蔵・冷凍食品などの簡便食品が多く消費されたことが明らかであった。食料消費のこのような変化を対象に，世帯構造などを中心に消費者サイドの変化を分析するとともに，食品を供給する主体，特に大規模小売業者の市場行動の変化という供給サイドの分析を加え，食料消費の変化に供給サイドがどのように影響を及ぼしたのかについて，実証的に解明することが本研究の課題であった。
　この課題へのアプローチとしては，はじめに，4つの先行研究の分析を通してこれまでの分析手法と新たな論点の整理を行ない，続いて，1980年代から90年代にかけて食料消費がどのように変化したのかを狭義の経済状況の変化，世帯規模の変化と女性の就業化という側面から統

計を用いた分析を行なった。さらに，イギリス食品小売業の発展について市場の集中化と店舗の大規模化・郊外化を考察し，テスコ社の事例を通して小売主導型のロジスティクス戦略を分析した。最後に，1980年代から90年代にかけての大規模小売業者による小売ブランド商品戦略の転換について論述し，これらを食料消費の変化に影響した要因として分析を行なった。

　以下，考察の結果を各章ごとに要約し，全体を総括する。

　第1章では，本研究の位置づけを明確にするために，食料消費の変化を分析している流通・マーケティング分野の先行研究を取り上げ，これまでどのような研究がなされ，どのような課題が残されているのかを考察した。

　Dawson (1982)，Ritson と Hutchins (1991)，そして Saunders と Saker (1994) のそれぞれの研究においては，イギリスの食料消費の変化を，おもに経済，および社会動向の変化，世帯構造や女性の就業化を含めた消費者自身の変化に関連づけて分析している。しかし，Kervenoael ら (2006) は，それらの要因に加え，食品を直接，供給し，提案する主体である小売業の供給サイドからの分析もともになされ，小売業の発展によって消費者の購買行動が影響され，変化してきたことを分析した，消費者サイドと供給サイドの相互連関を示した研究であった。

　しかしながら，食料消費の変化に小売業の発展がいかなる影響を与えたのかが Kervenoael ら (2006) においても，なお明らかにされず，小売店舗に関する政府の規制が及ぼす消費者への影響に重点がおかれた研究となっていた。しかし，食料消費の変化は，食品供給サイドからの多様な働きかけが影響されることが考えられ，そのおもな要因として，食

品小売業者の物流革新だけでなく，直接，消費者に影響を与える小売ブランド商品戦略に重点がおかれる必要があると考えた。

　第2章は，先行研究で示された消費者サイドの分析を補完する位置づけとして分析を行なった。具体的には，1980年代の経済諸状況の変化をとらえ，どのような経済状況下であったのかを，所得，消費支出，貯蓄性向の3つの諸要因に限定し，特に個人の貯蓄性向を中心に明らかにした。次に，食料消費がどのように変化したのかについて，おもにHMSOの統計資料の分析を通して，1980年代からの食料消費について，どのような傾向と特徴があったのかを考察した。さらに，なぜ1980年代から食生活の簡便化が進んだのかを明らかにするため，それをもたらした消費者サイドの要因を，特に，世帯規模の縮小と女性の就業化を中心とした世帯の変化を通じて明らかにした。

　1980年代から90年代にかけて消費者信用の利用が増大した。特に，大規模小売業者の自社カード業務の活性化により，販売力の強化と顧客の定着化を目指したことが影響した。さらに消費者信用の利用は，消費者にとって買い物の利便性を急激に高めた要因となった。

　また，1973年から1995年までのイギリスにおける食品の品目別消費量の変化を考察した結果，まず，牛肉，羊肉，豚肉の消費量が減少した。これは，家禽肉や調理済みチキンなどに代替されていったことや，1990年代からの健康志向食品の消費量の増大が影響したことによる。また，1984年と1995年の食品の消費量を比較した結果，冷蔵，または冷凍食品などの簡便食品が多く消費され，加工や調理がされていない食品の消費量が減少した。この時期，家庭内での食事作りを容易に行ない，食事や調理時間の短縮のための方法として，生鮮食品よりも調理や

管理が簡単な冷凍食品やインスタント食品の利用が拡大し，食生活の簡便化がもたらされたのであった。簡便食品は，世帯員数の減少によって利用が増大し，さらには，女性の就業化の影響によって家事労働時間の節減が求められたことによって利用が促進されたのである。

　第3章は，1980年代以降のイギリスの食料消費の変化に影響を与えた供給サイドの要因を分析するため，イギリスの大規模食品小売業者の考察を行なった。

　1980年代は小売業の合併・買収が続き，資本の集中化が進展した。1980年代後半から1990年代にかけては，スーパーストアやハイパーマーケットといった大規模小売店舗の開設が著しく増えたことによって小売業は大規模化し，さらに店舗の郊外化がもたらされた。小売業者トップ5の市場シェアは，1990年には61％にのぼり，大規模食品小売業者による市場の寡占化が進展することとなった。

　代表的な小売業者であるテスコ社が，すでに1970年代から事業活動の総点検に着手し，それまでの物流活動を見直すことになったのは，1980年代以降の高級化市場にむけた戦略転換のためであった。具体的には，1980年代は物流部門を集中化して物流機能を強化し，アウトソーシングの活用によりコスト管理を効率化した。また，1980年代後半には複合物流を導入し，商品の温度管理の高度化を進めた。この複合物流の導入は，1983年から最先端の技術で開発された調理済み食品において，温度管理の必要性が増大したからであった。テスコ社にみられた小売主導型ロジスティクスの発展は，その後の小売ブランド商品戦略に多大な影響を与えることとなった。

　第4章は，大規模食品小売業者による小売ブランド商品がイギリスの

食料消費にいかなる影響を及ぼしたのかについて，小売ブランド商品の低価格志向から高品質志向への戦略転換を中心に考察した。

具体的な例として，1970年代から80年代に普及した小売ブランド商品のなかで多くを占めていた冷凍食品について，特に，冷凍食品メーカーであるバーズ・アイ社の商品との競争状況について論述した。また1980年代から生じた，小売ブランド商品の高品質志向，または高付加価値型戦略への転換について触れ，調理済み食品の開発と実態について分析した。さらに，小売ブランド商品の市場シェアが1980年代を通じて拡大を続けた理由について考察し，最後に新商品開発と品質管理の高度化について分析をした結果，以下の点を明らかにした。

冷凍食品市場は，1970年代から小売ブランド商品によって市場シェアを奪われていき，特に，冷凍食品市場におけるバーズ・アイ社のシェアは，1982年には20％に低下した。他方，冷凍食品市場における小売ブランド商品は，1980年代から市場シェアを高めていった。

大規模食品小売業者による小売ブランド商品戦略は，1978年に主要な大規模食品小売業者らによる活発な値引きが展開され，消費者にとって小売ブランド商品とは低価格で低品質の商品であるというイメージがつけられた。そのことを払しょくするために，1980年代から小売ブランド商品の高品質化が取り組まれることになった。それはストア・ロイヤリティの強化を目的とした小売業者の市場行動であった。1980年代後半には，高付加価値型食品である小売ブランド商品としての調理済み食品の開発を活発化させ，1990年代初めに調理済み食品は，年間3億ポンドの市場を形成することとなった。このような大規模小売業者の物流革新と，小売ブランド商品の戦略転換としての調理済み食品の開発

は，消費者に対して高品質・高付加価値型食品の消費を働きかけ，食料消費への規定性を強めていったのであった。

以上のように，第1章から第4章において，イギリスにおける1980年代から90年代半ばにかけての食料消費の変化とその影響要因についての分析を通じ，供給サイドによる小売市場への働きかけが食料消費に影響し，消費者サイドへの規定性をますます強めつつある実態を明らかにした。

本書の考察の結果をまとめると，図E-1のように整理できる。先行研究におけるRitsonとHutchins（1991）の指摘をより厳密にとらえなおすと，1980年代半ばから90年代半ばにおいてのイギリスの食料消費の変化の特徴は，簡便食品の消費量の急増によって食生活の簡便化が進展しながらも，特に，高付加価値型食品の消費の増大が顕著であった点にある。

結論としては，小売市場の寡占化が進むなかで，大規模小売業者の市場行動は，消費者の商品の選択肢を広げ，とりわけ，高付加価値型食品の開発によって，簡便食品の消費量の増大をもたらした。同時に，小売店舗の大型化・郊外化を通して，結果的には，消費者における店舗選択は制約されることになった。このことは品揃えや製品政策といった小売業者の市場行動によって消費者の購買行動が規定される傾向が強まったことに関連づけられよう。つまり1980年代からの食料消費の変化は，このような大規模小売業者の市場行動に影響を受け，食生活の簡便化が促されたのである。また，大規模小売業者の市場行動は，一方では，消費者の高度化・多様化するニーズに対応しながらも，他方では，都心に居住する高齢者や低所得者の食品購買機会を制約し，そのことがフー

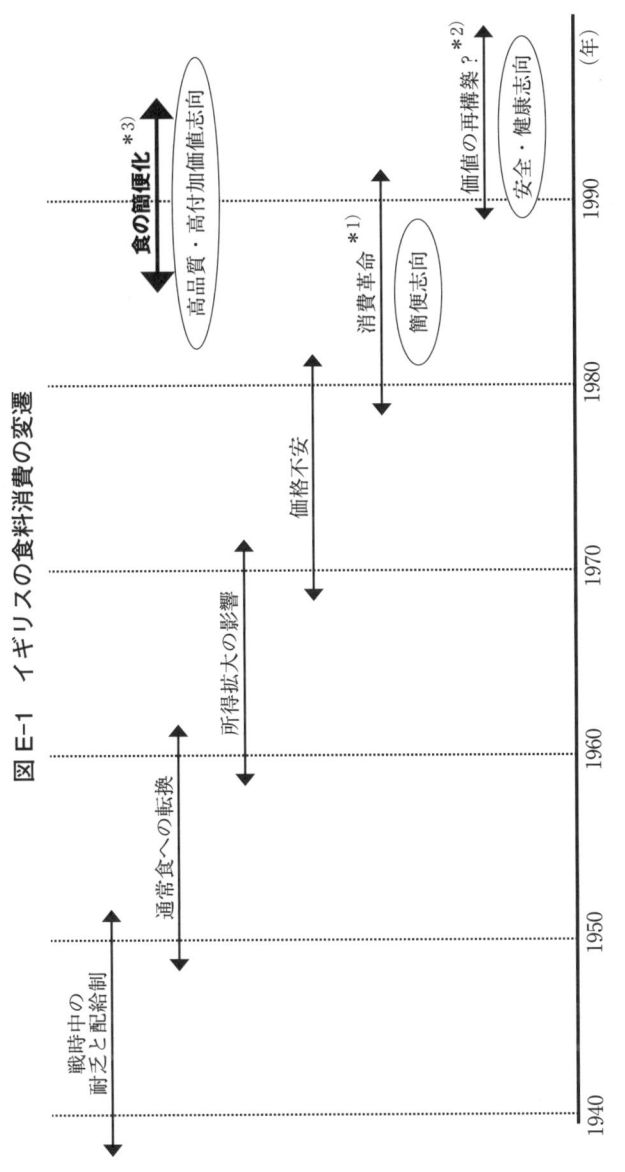

第1節　本研究の要約と結論　137

図 E-1　イギリスの食料消費の変遷

（年）1940　1950　1960　1970　1980　1990

- 戦時中の耐乏と配給統制
- 通常食への転換
- 所得拡大の影響
- 価格不安
- 消費革命 *1）
- 簡便志向
- 価値の再構築？ *2）
- 安全・健康志向
- 高品質・高付加価値志向
- 食の簡便化 *3）

〔出所〕 Ritson, C. and Hutchins, R. "The Consumption Revolution," in *Fifty Years of the National Food Survey 1940〜1990*, ed. Slater, J. M. HMSO, UK, 1991, p. 36 を加筆・修正。

* 1) Ritson and Hutchins (1991) が示した図は、1980年代までである。
* 2) Burt, S. and Sparks, L. (1999) は、上記の Ritson and Hutchins (1991) の示した図に、新たに 1990 年代を「価値の再構築？ [Reorientation on Value?]」と追記している。["Structural change in grocery retailing in Great Britain: a discount reorientation?," in *Post 1945 : retail revolutions—The retailing industry* (*Tauris industrial histories*) Vol. 3, ed. Benson, J. and Shaw, G., St Martin's press, GB, 1999, p. 94.]
* 3) 本研究の結論。

ド・デザート問題（food deserts issues）[1]として社会の関心を呼ぶこととなった。

このように本書では，1980年代から90年代半ばにかけてのイギリスにおける食料消費の変化について，世帯構造などの消費者における変化をより具体的に整理しつつ，これまで十分整理がなされていない大規模食品小売業者の市場行動の側面から分析を行ない，小売業者からの規定性が強まりつつある実態を明らかにした。

第2節　本研究の残された課題

しかし，食料消費への規定性を小売業者側からの物流革新や小売ブランド商品戦略のみで説明することは，当然ながら不十分であると考える。

第1に，小売ブランド商品に関連して，供給業者，ないしメーカーに対する小売業者の取組み，とりわけ製造委託，商品開発など，この時期，どのようなメーカーに対して開発を委託し，どの程度，生産段階に関与してきたのかを考察する必要がある。

第2に，すでに第3章で分析した点に関連するが，1990年代後半の大規模食品小売業者によるサプライ・チェーンの変化については，本研究の対象外であった。イギリスの食品小売業者は，原材料調達から最終消費者まで，一気通貫的に管理するSCMについて世界的にも先進的であるといわれ，特に，イギリスの食料消費の研究を発展させるためにはサプライヤーとのパートナーシップ関係の構築の実態について具体的に

分析する必要がある。その理由は，国際的にみても，従来の主導者であった製造業者にとって代わり，「小売業者がサプライ・チェーンをコーディネートする局面が拡大しつつある」[2]からである[3]。1990年代後半以降のSCMという企業間の戦略的協力関係の構築から，近年のイギリス小売業の特色を研究し，SCMの定着が進まない日本の小売市場への適用可能性について注目したい（補論参照）。

最後に，イギリスにおける食料消費の変化に関連して，1990年代から健康関連の食品が多く消費されるようになり，簡便化とともに健康志向が進んだ。しかし，1996年にイギリスで発生したBSEは，消費者の食に対する意識を大きく変え，その結果，小売業者も消費者の安全・安心のニーズに的確に対応していくことを求められていくこととなった。本研究の対象時期を1990年代半ばまでとした理由は，そのためであった。その意味において，図E-1に示されている1990年代における安全・健康志向への食料消費の変化について研究が必要である。しかし，近年のイギリスは，2008年のアメリカのサブプライム・ローン問題に影響を受けた金融不安によって，住宅市場のバブル崩壊が加速し[4]，物価下落が続いているなかで，低価格化が進行している。これは1980年代以降，低価格訴求から高品質・高付加価値型へ戦略転換を行なった大規模食品小売業者が，再び低価格競争への対応を迫られており，今後どのような市場行動を展開していくのかについても研究を行なう必要がある。これらの点については，今後の研究課題である。

（注）

（1） 最近の研究では，木立真直（2010）「フードデザート問題と地域再生の展望」『生活協同組合研究』416号，5〜13ページ，Wrigley, N. (2002) "Food Deserts' in British Cities: Policy Context and Research Priorities," in *Urban Studies*, Vol. 39 (11), pp. 2029-2040. などがある。

（2） 辰馬信男監訳「訳者あとがき」，ジョン・ファーニィ＆リー・スパークス編（2008）『ロジスティクスと小売経営——イギリス小売業のサプライ・チェーン・マネジメント』白桃書房，245ページ。

（3） 最近の研究では，木立真直（2009）「小売主導型食品流通の進化とサプライチェーンの現段階」『フードシステム研究』第16巻，第2号，31〜44ページがある。

（4） 朝日新聞，2008年4月23日付。

補論

日本型流通システムにおける小売主導型SCMの可能性
―イギリス型小売SCMからの示唆―

第1節　問題の所在

　近年，世界規模での金融不安や原油高による物価高騰が続き，さらには，食品偽装などによる食の安全性に対する問題が頻発することにより，とりわけ流通環境や消費者環境は不安定な状況が続いている。そのことがメーカーにとっても，流通業者にとっても不安定な要素として作用してしまい，このような状況に対応すべく，何らかの変化を余儀なくされている。企業間の取引環境に限定するならば，それまでよりも徹底したコスト管理や品質管理に重点がおかれ，経営環境そのものを見直す傾向にある。ここで取り上げるサプライ・チェーン・マネジメント(Supply Chain Management，以下，SCM) は，流通費用の削減，リードタイムや在庫の調整，そして品質管理などを徹底すべく，個別企業同士の取引の枠を超え，企業間全体としてサプライ・チェーンを構築し，企業

同士の関係性を見直すことにより経営の最適化を目指す経営管理手法であるといえる。ただ、「依然として多くの産業で、SCM の実施から一定の成果を達成できない企業が多い[1]」のも実態としてあり、欧米のそれと比べて日本での SCM の定着・浸透が進まない状況が続いてきた。問題は、日本においては、一部の分野を除けば、この SCM の浸透がうまくいかず、あくまでも理想論としての「Win-Win 関係（両者利得関係）」を目指している企業が多いところに1つ目の問題がある。

　さらには、多様な実態があるなかで、国や分野による SCM のとらえ方の相違も相まって、広義の意味において「メーカー主導の SCM」と「小売主導の SCM」とに、SCM のとらえ方自体が分かれていることが、2つ目の問題点としてあげられる。そのため本書では、SCM がどのような形成過程を経て現代に至り、そこにはどのような問題や課題があるのかといった基本的なまとめを行なった上で、イギリスの事例から SCM に関する若干の示唆を取り入れ、日本における SCM の方向性についての提示を行なう。

　まずは、SCM の概念と目的、形成の背景をみていき、欧米とどう違うのかを考慮しながら日本における SCM の形成をとらえる。次に、SCM のとらえ方の相違、つまりメーカー主導の SCM と小売主導の SCM はどのような違いがあるのか、現状を把握しておく。さらには、卸売業者の現状、そして小売主導型 SCM の有用性を展開し、イギリスの事例から SCM の示唆を取り入れ、最後に日本における SCM 適用の有用性を展望する。

第2節　SCMの形成とその背景

（1）　SCMとは何か

　SCMが日本で注目されるようになったのは，およそ1990年代後半以降といわれる。それは，近年の情報技術（IT＝Information Technology）の進歩の影響を強く受けた結果であるといってよい。これまでメーカーや卸売業者，そして小売業者は，各主体間での熾烈な競争を展開してきた。たとえば，大規模メーカーが販売価格や利益の維持のために，卸売業者や小売業者を管理・統制下に置く「流通系列化（近年，見直されつつある）」が組織されたり，メーカー商品よりも安価な商品提供を実現するために，大規模小売業者がメーカーに対してプライベート・ブランド（Private Brand）商品開発の委託を拡大したり，あるいはメーカーと小売業者が直接的な取引関係をもつ「製販提携」によって「中抜き」といわれる卸売業者の排除を実施したりと，その動向は多様である。これらは企業としての自己利潤追求の一環として，このような競争を展開してきた。SCMはまさにこのようなメーカーや小売業者の競争形態が変容した結果の1つといえる。すなわち，それまでの「競争（対立的）」関係から「協調（協力的）」関係へのシフトを前提にする競争形態の変容を意味するものである。

　SCMとは，図補-1のようにサプライヤーから最終消費者までのチャネル上の各主体を実際にはそれぞれのチャネルにおいて構成し，そのな

図補-1　SCMの略図

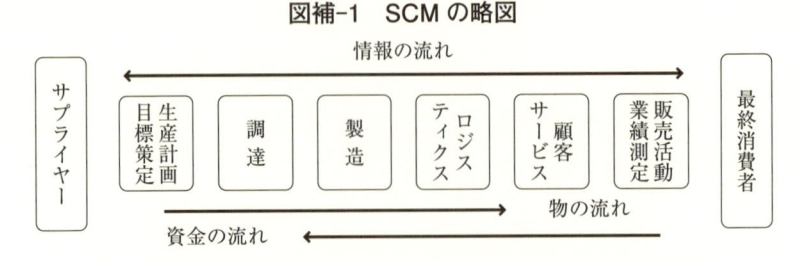

```
                    情報の流れ
サプライヤー ─ 生産目標策定 ─ 調達 ─ 製造 ─ ロジスティクス ─ 顧客サービス ─ 販売活動業績測定 ─ 最終消費者
                                              物の流れ
         資金の流れ
```

〔出所〕Spekman, R. E., Kamauff Jr, J. W. and Myhr, N., "An empirical investigation into supply chain management: A perspective on partnerships (research note)," in *International Journal of Physical Distribution&Logistics Management*. Vol.28 (8), 1998, p.632 Figure 1 を修正・加筆のうえ筆者作成。

かで図補-1に示された業務を一気通貫的に管理・統制することである。実際には業界によって，より複雑な仕組みをもつものではあるが，その場合，「サプライ・チェーンを効率的に連結するのに欠くことができない[2]」ものが，「ロジスティクス（Logistics）」となる。すなわち，物の流れをコントロールすることがSCMの核心の1つとなる。ロジスティクス・マネジメント評議会（CLM）の示す定義によれば，「ロジスティクスとは，顧客要望にこたえる目的で，出発点から消費地点までにわたる，商品，サービスおよび関連情報の効率的かつ効果的な流れと保管を計画し，実施し，そして管理するプロセスである[3]」。要するに，それまでの物流管理において，別々に機能していた物流機能を統合し，物財の円滑，かつ効率的な流れを管理する手法で，配送コストからリードタイムに至る物流の総合的な管理形態であり，その語源は軍事用語の「兵站（学・術）」から由来する（詳しくは第3章参照）。近年，このロジスティクスの手法が各業界において活用され，多くの関連企業の物流戦略が見直され，実行されている。

第2節　SCMの形成とその背景　145

　たとえば、メーカーにおいては原材料調達や部品供給などの効率化のためにサプライヤーを組織したり、小売業者においては自社専用の物流センターを保有し、自社専用トラックを配備したりと、その活用は多岐にわたる。このような物流戦略において、たとえ自社でまかなえない、あるいはコストがかかりすぎてしまうと判断された部分が生じても、3PL（サード・パーティー・ロジスティクス）とよばれる物流専門業者への一括委託によって、可能な限り効率的な物流を目指すことになる。これらを基礎とし、メーカーを取り巻く原材料供給業者から最終顧客までの一連の流れ（プロセス）をトータルに管理・統制するのがSCMなのである。

（2）　SCM形成の背景

　では、なぜSCMが日本において注目されるようになったのか。おもな背景をいくつか取り上げる。

　戦後復興期を経て、1960年代後半からの高度経済成長期を経験した日本は、1985年の「プラザ合意」まで、継続的でゆるぎない経済成長を果たした。先進主要国には類をみない特殊な「日本型流通システム」の仕組みは、その後バブル経済を基点として大きな転換を迎えた。それは、「バブル経済の崩壊と長引く景気低迷によって、これまでの「成長神話」が崩壊し、小売段階での価格競争が激化するにつれ、日本型流通システムの根幹をなすメーカーの建値制が不可能となり、同時に流通系列化、リベート制、特約店制、返品制といった日本的取引慣行の維持が困難となった[4]」ことが指摘できる。また、1990年代半ば以降のディスカウント・ストアの発展は、小売段階での低価格競争を刺激し

た主要なものであったのは周知の通りである。

それとともに消費者のニーズは，所得の上昇とともに「1970～80年代から多様化・個性化を始め，それに応じて生産の側で多品種少量生産体制への移行が始まる[5]」ことになった。つまり，「生産者から小売店までの時間やコストの問題を改善していくことが重要となるのであり，特にそのための物流活動における各機能の効率を高めていく必然性がでてきた[6]」といえよう。

大量生産体制から多品種少量生産体制への変化は，まさに多様化・個別化する消費者に対する企業側の取組みの結果であった。それはたとえば，コンビニエンス・ストアの発展による多頻度小口配送の現出が，ますます消費者の利便性を高める役割を担ったことは，その代表的な例といえよう。ただし，三村（2004）が指摘するように，多頻度小口配送そのものが納入業者に多くの負担を与え，「かぎりない小口化，納入時間指定や欠品ペナルティ要求など，納入業者を悩ませる要求の厳しさ[7]」を増幅させてきたのも事実である。

いま1つのSCMの形成をうながす背景として，企業にとってのコスト構造の見直しがある。企業にとっての物流コストの削減が直接的には利益そのものを押し上げるとされ，「売上高の大幅拡大と同等の効果がある[8]」ほど，重要な位置を占め，コスト管理の徹底が望まれているのも周知のとおりである。

たとえば，飲料メーカーのサントリーは，従来，生産計画に関する情報の更新は1週単位で更新し，この間に生産計画の変更が発生した場合には，メールや口頭で連絡を繰り返す作業を行なっていた。現在，SCMの情報システムに切り替え，約1千品目の生産計画を売れゆきに

応じて毎日更新できる仕組みに変更している。このような「生産の合理化などで年間10億円分のコスト削減[9]」を見込んでいるという。

また，セブン-イレブン・ジャパンは，大手飲料メーカーである日本コカ・コーラ，サントリー，伊藤園，キリンビバレッジ，アサヒ飲料，カルピスの6社とともに，メーカー共同デポを専用拠点として展開し，原料の調達物流まで管理領域を拡大した上で，徹底的な物流コストの削減を図っている[10]。

本来，ロジスティクスは，別々に機能していた物流機能を統合するという意味で，トータルコストの管理を念頭におく必要がある。必ずしもグローバルな生産体制をもつ企業に限定されるわけではないが，現代企業の生産システムにおいては「コスト削減が限界まで追及され，トータルな生産コスト，在庫コスト，物流コストの徹底した削減[11]」が図られており，その意味でトータルコストの管理の重要性が高まっているのである。

(3) 延期―投機理論の枠組み

市場の不確実性が高まるなかで，企業が商品を市場に投入する際，流通チャネル（または流通フロー）のどの地点に商品を配置（在庫）すれば，もっとも適切にコストを削減し，そして効果的に戦略を遂行できるかを問う理論が，この延期―投機理論である。延期―投機理論は，SCMを考察する上で重要な位置を占める。

まず，延期理論は，オルダースン（W. Alderson）によって提唱された理論であり，「製品差別化」に端を発している。製品差別化の決定を，消費者の「購買点」にまで引き延ばすこと（延期）によって効率化する

ことができると提起する。ここでの「購買点」とは，流通チャネル上の「時間次元の［購買時点］と，空間次元の［購買地点］という二重の意味[12]」が含まれている。すなわち，生産段階における「スタイル，色，サイズといった製品形態の決定はできるだけ［購買時点］に近いところまで引き延ばされることで市場リスクを削減できる[13]」のである。

　これに対して，その逆である投機の原理を提案し，延期と同様に投機の原理も流通費用の節減に効果があると主張し，延期—投機の合成モデルを作り上げたのがバックリン（L. P. Bucklin）であった。つまり，流通チャネル上で「買い手による発注から売り手による納品までのリードタイムが長いと，在庫位置の変化に関する決定が前倒しで行なわれていることになり，売り手の輸送・在庫費用が減少する投機の効果が実現し，買い手の在庫費用が低下する延期の効果が失われる[14]」ことが，投機理論である。このような延期—投機の原理の作用は，商品分野によっても，そして販売形態によっても異なる。

　しかし，現実にはどちらか一方に偏るというよりもむしろ，様々な条件にしたがって延期—投機の両者の統合を図ることが重要であるが，「ビジネス世界の歴史的推移は投機重視から延期重視へ大きくシフトしてきている[15]」という点に留意する必要がある。それは，多様化・個性化する消費者への現実的な対応として，投機よりも延期重視への流通システムの変化が求められたことを意味している。たとえば，衣類を販売する場合，膨大な量を一気に大量生産して店頭に並べて在庫を抱えるよりも，染めていない衣類を生産段階にストックしておき，売れゆきが良く，欠品の恐れがある色の衣類をリアルタイムで製造して対応するといったことも，現実の衣類メーカーなどでは行なわれている。

問題は，たとえそれが流行や社会現象に影響されて（あるいはそのような現象をメーカー自らが作って）売れるだろうと予測された（あるいは予想した）情報にしろ，店頭での事後的なPOS情報にしろ，もしくは商品がどこに位置しているのかといった在庫情報にしろ，それらの情報をいかにリアルタイムで把握し，対応すべきかにある。近年，情報共有が前提となるSCMが注目されるもう1つの理由が，ここにある。原材料調達段階から最終販売段階までのサプライ・チェーンの一連の流れのなかで，各主体間での情報をそれぞれリンクさせ，市場の動向に俊敏に対応することが望まれるのである[16]。

(4) 小　括

このようにSCMは，現代の主要な企業における経営管理手法の一環として注目されている。SCMの達成や成功の源は，「トップマネジメントの確固たる信念，企業内外の情報共有化，精度の高い需要予測，柔軟な生産体制，部品部材業者との協力体制，効率的なロジスティクス・システム[17]」などに求められよう。それには主体間で結んだ協調的関係は当然であるが，さらにはサプライ・チェーンをコントロールできる強力なリーダーが必要になる。

しかし，現実の流通経済が複雑かつ，多様であるため，そのようなリーダーシップの舵を誰がとるかといった議論は，これまであまり明確に示されてこなかった。そのため，ここでは広義の意味において，主導する主体を，メーカーと小売業者に分けて議論する。このことは少なくとも日本におけるSCMを理解する上では有効と考えられ，さらには，メーカー対小売業者の関係が変化してきた背景も関連しているためでもある。

第3節　メーカー主導と小売主導のSCM

　現実の多様なSCM活動は，後述するように，BPR, TOC, ERPといった調達を含めた生産管理からの流れと，QR, ECR, SPAといった生産を含めた販売管理の流れという2つの流れのもとに生まれ育ってきた。2つの流れの違いは，サプライ・チェーンを主導する主体の違いであり，大規模メーカーか大規模小売業者のいずれかがリーダーになることによって，その特性はそれぞれ異なるようになる。

（1）　メーカーによるSCMの展開

　日本は，他の先進主要国に比べてメーカーの市場支配力が強いといわれる。既述のように，バブル経済を契機に日本の企業は転機を経験し，それまで市場の支配者であった大規模メーカーによる卸売業者や小売業者への「力」の行使は変容することになった。

　近年，メーカーは「圧倒的なチャネル・リーダーとして外部企業に一方的な指揮命令を下す分野は狭められ」[18]，極端には，メーカー，卸売業者，小売業者が対等な関係で戦略提携を結ばざるをえないようになっている状況にある。その内実は，相対的に小売業者とのパワー・バランスの変化に求めることができる。

　たとえば，大規模な家電メーカーにとって流通系列化が見直されているのも，ヤマダ電機やビッグカメラのような家電量販店が発展，巨大化していることに起因している。それは，大規模メーカーにとって，「か

つて「正規の販売経路」として認められなかった専門量販店，さらには統制不可能であったDS（ディスカウント・ストア）さえもが，正規の取引契約を結んでいる[19]」ということからも明らかである。

　また，大規模メーカーの場合，国際化，グローバル化を進め，これまで生産拠点のほとんどを海外に移転させてきた。生産拠点の海外への移転は，人件費や地価の安さ，原材料調達の容易さなどをもたらし，国内よりも効率的に運営ができると企業が判断するからである。したがって，生産拠点と販売拠点が同一でなく，分離されている場合が多く，世界各国に生産拠点と販売拠点をバラバラに構える企業は少なくない。

　SCMに関連しては，たとえば，BPR（Business Process Reengineering）は，個別企業の業務プロセスの最適化のための経営手法であり，「顧客満足を実現するため，現状にとらわれずに白紙の状態からビジネス・プロセスはどうあるべきかを考え，作り直す[20]」経営手法である。この手法は，バブル経済崩壊後に脚光を浴びた手法であったが，BPRが目指す全体最適が「個別企業」の全体最適であり，「企業間のパートナリングやコラボレーションによる企業群全体としての競争力強化が重要な課題となっている今日，個別企業の単独の最適化のみでは激しい競争に勝ち抜くことが難しい状況[21]」にある。そのため，強力なリーダーの下でサプライ・チェーン全体の最適化をはかるSCMを形成することが望まれるのである。

　ところで，SCMの基本を「ものづくりの生産性の向上[22]」に求める議論がある。SCMのプロセスにおける全体最適化を追求する手段は，およそ生産段階における実態として，既述の延期―投機理論も含め，多くの理論やシステムなどの生産方式の活用がなされている。いくつか示

せば，サプライ・チェーン上の制約部分，または阻害要因をみつけ，継続的に改善・修正していく TOC（Theory of Constraints：制約理論）や，「企業の資源を有効活用し経営の効率化を図ることを目的とした業務横断型統合管理システム[23]」である ERP（Enterprise Resource Planning：企業資源計画）などがそれである。

たとえば，自動車には2万から3万個の部品が使われているといわれているが，その部品を供給する多くのサプライヤーと上述のような生産手法を活用し，情報共有のもとで全体最適を目指すことになる。そのように組み立てられて完成した自動車を，チャネルのどこに配置するのか，どの地点にどのように運ぶのか，そしてどの店頭に届けるのかを，一括してメーカー主導の管理のもと，遂行されることになる。要するに，「調達」と「販売」をいかに結び付けて遂行すべきかを徹底する経営管理手法であり，SCM を議論する多くの研究においてとらえている観点でもある。

ただしこの仕組みは，厳密に言えば，「結果的に自社の製品を消費者に届けることを主眼とするクローズドなチェーンに留まっている[24]」ことになる。家電メーカーの大手である松下電器（現，パナソニック）が，2001年4月にマーケティング本部を設立し，在庫責任をもちながら，自ら売れると判断した商品以外は仕入れをしないといった，SCM への大胆な組織改革を行なった。

このことに対しては「強力な事業部制のなかで「生産の論理」が優先され，市場ニーズとズレた製品開発体制が売上げ不振の原因であるという危機感をもったから[25]」であるという指摘さえある。すなわち，メーカー側で組織する，もしくは利害を一致させたサプライ・チェーン

は，原材料調達から自社製品の生産・販売への取組みがおもな目的となり，その追求に徹しているといえる。次節でみる小売主導型 SCM とは，その性格がだいぶ異なるようである。

（2） 小売業者による SCM の展開

近年，流通外資の市場参入や小売業の大規模化，そしてあらゆる業態の誕生を基礎に，「数多くの消費財の流通システムにおいて主導的な役割を果たす主体，いわゆるチャネル・リーダーとしての位置を，メーカーや卸売業者に取ってかわり，小売業者が占めるようになってきた事態[26]」が生じていることからも明らかなように，日本型流通システムは変容し，メーカーと小売業者のパワー関係も大きく変化してきた。

先進主要国における小売主導型の SCM を展開する代表的な企業には，ウォルマート社（Wal-Mart，米），カルフール社（Carrefour，仏），そしてテスコ社（Tesco，英）などがある。必ずしも欧米型の流通システムが先進的であるというわけではないが，しかし，日本においては小売主導型の SCM を展開する企業は，近年，その数を増やしつつあるものの相対的に少なく，決して一般化している仕組みではない。

その理由としては，日本型流通システムの特徴として，卸売構造の多段階性や分散性，さらには既述のように，これまでメーカーの市場支配力が強く，ようやく小売業者がメーカーに対抗できる「力」を身につけてきている状況も多く影響しているといえよう。小売主導型の SCM を展開する代表的な企業としては，セブン-イレブン・ジャパンやイオンなどをあげることができる。

そもそも SCM の基礎的な概念としては，QR と ECR があげられる。

QR（Quick Response）は、「1980年代の米国において海外の安価な製品が輸入されたため、危機感を抱いた米国の繊維メーカーと百貨店業界が衣料品を対象に「製販一体」となって取り組むことによって、不要在庫と見切りロスをなくすとともに、品揃えを改善し売り上げの増加に成功した[27]」ことから、日本においてもその概念が1990年代に注目されるようになった。

　QRを基礎に急速に発展したユニクロに代表されるSPA（Specialty store retailer of Private label Apparel）は、「製造小売業者」と称され、生産と販売を自社で行なっている。基本的には、「商品企画、生産管理、ブランド管理、商品供給、小売店頭管理を一元的に担う形態[28]」であり、その仕組みは、SCMと類似している。

　他方、ECR（Efficient Consumer Response）は、「効率的消費者対応」と訳され、上記のQRを食品流通領域に適用したものといえる。「ウォルマート（Wal-Mart）社とプロクター・アンド・ギャンブル（Procter & Gamble）社との共同的な取組みによって、そしてまた景気後退と新たな小売業態の出現に伴う1990年代初期に生じた伝統的な加工食品産業における競争の激化を背景にアメリカで生まれた[29]」概念であるが、それが日本で注目されるようになったのは、（旧）通商産業省の『21世紀に向けた流通ビジョン（産業構造審議会・中小企業政策審議会合同会議中間答申）』（1995）で取り上げられたことによる[30]。このECRはアメリカだけでなく、イギリスやヨーロッパ各国においても1990年代以降に浸透し、とりわけ食品流通（グローサリー）において用いられてきた。この方式がその後の食品業界に影響をもたらし、近年の小売主導型のSCMの形成に多大な影響をもたらした。

小売主導型のSCMは，既述のメーカー主導のSCMとは性格が異なり，一般的には複数のメーカーの商品を大量に取り扱い，品揃えを行なうことからオープンなチェーンの性格をもつ。すなわち,「消費者の実需に即した社会的な品揃え形成を追求する小売サプライ・チェーンでは，横断的な結合，いわば産業的な展開の論理が本来的に備わっている[31]」ためである。

さらには，小売主導型のSCMは，供給サイドでは把握しきれない消費者の購買情報や購買行動もある。多数のアイテムの品揃え形成を基礎とする販売サイドでの実需の把握は，多くのメーカーや卸売業者との取引を通じて情報を仕入れるため，相対的に優れた情報力を得ることになる。つまりタイムラグなく消費者情報を入手・分析・利用できるのは小売業のみであり[32]，既述したように，近年における企業行動そのものが，投機型から延期型へシフトしている要因の1つがここにある。すなわち,「販売」を中心に構え，そのための「調達」をいかに遂行すべきかが求められるSCMである。したがって，何を欲しているのかといった消費者ニーズへの対応も重要である同時に，小売店頭の情報をいかにSCM全体にフィードバックしていくのかが重要な課題となる。

(3) 小　括

SCMをパートナーシップの観点からみても，メーカー主導のSCMと小売主導型のSCMの違いははっきりしている。たとえば，松下電器(現，パナソニック)のような家電メーカーは「一方でメーカーへのロイヤルティの高い系列店と情報を共有化しその経営管理機能を吸収することで系列化を強化し，他方で，量販店との協調的関係を構築してき

た$^{(33)}$」経緯がある。

しかし，量販店との協調関係については，従来の系列化の発想から抜けられず，「一方的な統制を目指すという域から出ることは果たせなかった$^{(34)}$」のである。近年の家電量販店の巨大化は，メーカーによる系列化をより困難にさせ，SCMへの取組みを余儀なくさせた側面もある。

さらに，グローバルな展開をするメーカーであれば，多様なシステム作りや現地取引業者との信頼関係の構築，人材の確保と労働者への賃金問題など，なお課題が多くなるのは必然である。だからこそ，既述のように，メーカー主導のSCMは，「生産性の向上」に専念する特色をもつものであり，少なくとも自社商品の生産に徹することができるもっとも効果的な経営管理手法なのである。

第4節　SCM最適化に関する若干の考察

(1) 卸売業者の排除傾向と躍進

近年，メーカーと小売業者のパワー関係が変容し，巨大化する小売業者は，自らの物流センターやトラックの配備などにより，あるいはメーカーとの直接取引によって，中間流通機能としての卸売業者を排除し，製販提携の傾向を強めている。卸売構造の多段階性や分散性という，日本型流通システムの特徴に対するこのような傾向は，今に始まったことではない。1960年代ごろより「問屋無用論」や「中抜き論」といったことが多く議論され，その意味において卸売業者の存在意義が長い間，

問われてきたのである。

　これらをふまえ，卸売業者の今後の発展可能性について，たとえば，「ロジスティクス専門業者」への転身が今後の卸売業者の存続の解決策であるという議論が一部でなされているが，実際の問題として多くの設備投資や資本が必要となるので，中小規模の卸売業者が大半を占める日本の流通環境にとっては，現実的とはいえない。実際には，卸売業者の競合他社同士で連合を組んでネットワークを形成したり，他方では身近な競合他社や小売業者に吸収されたりと，それぞれが厳しい市場動向において「組織化」もしくは「同化」しているのが現状といえる。

　また，「メーカー，小売業者が卸売機能のロジスティクスを主導的に管理しようとする傾向が強まる一方で，逆に小売業者のロジスティクスを卸売業者，物流業者が一括して請け負うなどの一括物流[35]」が増えており，卸売業者の生き残りをかけた躍進は続いている。

　しかしながら，必ずしも卸売業者の規模そのものが小さいわけではないが，問題はメーカーや小売業者が大規模化するに連れて，自社で配送や在庫管理といった物流機能がまかなえるようになると，それらの大規模メーカーや大規模小売業者の資本に吸収されるか，あるいは排除される可能性も否定できない。それに対するさらなる差別化をはかる必要があるが，これまでその差別化策の1つとして議論されてきたのが「リテール・サポート」であった。実質，小売業者との売買関係を抜きにしては成立しない機能であるし，小売業者が他の卸売業者とSCMを構築してしまうと，その差別化も意味をもたなくなる。そのため，「複数のメーカーと複数の小売業の情報の結節点としての卸売業の位置的パワー[36]」に，今後の差別化を求める必要がある。要するに，卸売業者の

もつネットワークを駆使し，メーカーと小売業者との関係性とともに，さらには情報分析対応能力としての「情報力」のレベルを高め，位置的なメリットを最大限に高めていく必要があると考える。

　卸売業者による今後の展開方向としては，これまでのメーカーや小売業者との単なる価格交渉力や取引効率化としての躍進を目指すだけでなく，「リテール・サポート」や「情報力」，そして配送問題を含めた需給調整としてのサポートやサービスによる付加価値の提供が必要となる。

（2）　小売主導型 SCM の有用性

　小売主導型流通に対する評価は分かれるところであるが，本来的に消費者情報をもっともよく入手しうる位置にある小売業者が，「その情報を起点に川上の生産者に至るサプライ・チェーンを統合的に制御するとき，消費者に最大の価値を提供しうる[37]」ことが，ここでの焦点となる。

　これまで小売業者は，生産者からの仕入れの際に見込みで意思決定を行ない，事後的な調整に追われつつ，商いを行なってきた。情報の非対称性を除くことはできないが，近年の情報化に伴い，何らかの形で消費者の情報がフィードバッグされるようになった。小売主導型の SCM にとって大事なことは，「小売業者が卸売業者やメーカー・生産者を支配する場合だけでなく，小売業者のコーディネーションの下，効率的な分業編成を構築し，それら主体間における互酬的な利益分配に基づく協同的な関係性が成立する場合をも含むもの[38]」としてとらえる点にある。

　また，小売業者は品揃えの観点からも，多くのメーカーや卸売業者を相手にバイイング・パワーを発揮する必要がある。それが SCM によっ

て原材料調達機構から卸売業者までのサプライ・チェーンを形成すれば、なお条件は好ましくなり、最終消費者のニーズへの対応において最大の効果が得られる。

他方、最終顧客である消費者は、近年の情報化がもたらしたインターネットや通信販売を利用する傾向が広がりをみせたとしても、それを利用する条件やその利用によって得られる商品やサービスには限りがあり、その意味において地域に根ざした町の小売店舗の重要性は否定できない。小売店舗は、SCMというネットワークにおいてもなお、中心的な役割を担っているのである。

日本のコンビニエンス・ストア（Convenience Store）は、「もっともSCMの完成度が高い業界[39]」である。なかでも劣化の早い惣菜や弁当に対し、徹底した需要予測と鮮度管理が行なわれてきた。一般に需要予測は、「発注の意思決定を「実需」＝消費者の購買時点に近づけるほど正確になるため、コンビニエンス・ストアでは1日3回配送に象徴されるように、こうした商品の生産・配送を可能な限り短サイクル[40]」で行なっている。周知のように、店舗展開のドミナント戦略によって配送を効率化していることや、廃棄ロスをできるだけなくす努力がされてきた。

ただ、大規模小売業者は「販売リスクやコストを納入業者に転化する日本的取引慣行を利用してきた[41]」側面があり、コンビニエンス・ストアの仕組みが万能な業態であるという点には議論の余地があるが、少なからず小売主導型SCMの有用性を示している業態としてとらえられる。それは、日本のコンビニエンス・ストアをモデルにしているかどうかは別としても、テスコ社の場合、1994年からTesco Expressという

小型店舗をロンドン市内に増やしており，近年，150を超える新しい小型店舗の開発を推進している[42]ことからも理解できる。

また近年，「食品の安全性や表示をめぐる事件が多発し，食品流通システムの果たす機能への根本的な疑念が生じる[43]」ほどに，食品偽装問題が社会問題として絶えない。この問題への取組みとして厳しい法的規制が必要になるのであるが，さらには大規模小売業者による小売ブランド商品戦略が有効な手段となりうるのではないかと考える。

大規模小売業としての社会的使命や責任を前提に，強力な生産段階の管理・統制が可能になれば，どこで生産されたかわからないものを店頭に並ばせることはまずない。さらには消費者にとっての小売業者への信頼関係は日ごろより蓄積されていくものであるし，致命的な問題が生じれば，当然ながら消費者の店舗利用は遠のく。

たとえば，セブン-イレブン・ジャパンによる「セブン・プレミアム」の導入に代表される昨今の大規模小売業者による小売ブランド商品の拡大戦略は，まさに生産段階をもコントロールするに至り，小売側が望む価格設定を行ない，小売側の望む良質な商品提供を可能にしている。これまで日本では，このような小売ブランド商品の消費者への浸透が欧米諸国に比べて遅れた感は否めないが，小売ブランド商品は今後も拡大するものと思われる。なぜなら，現代における絶え間ない「高品質化」と「低価格化」，そして「安全」といったキーワードに対する消費者のニーズは，小売業が主導するSCMの形成と，それに伴う徹底した品質管理によって達成できる可能性が高いと考えられるからである。

また，近年においては，大規模小売業による食料品の直接調達が拡大している。大手スーパー各社によって魚や野菜の直接調達が拡大し，中

間流通を省いた形で調達コストを下げ，価格競争力を一層強化している[44]。このことは食材そのものが高品質かどうかは別にしても，生産履歴などが明確な魚や野菜の扱いを増やすことによって，食品の安全性の提供，それによる安心を付加しようとするものである。

小売主導型流通システムとしてサプライ・チェーンを組織することの有用性は食品流通にとってはとりわけ大きいといえるが，しかしそれは一概に全体最適を目指すのではなく，各主体間の最適化という意味での「部分最適の総体」として全体最適を目指すことが，多様化・個別化する消費者への対応を容易にする経営手法となる。それは，消費者ともっとも多くの接点をもつ最終販売地点である小売業者のもとで，集約された情報を分析し，適切で効率的な販売戦略の最適化が望まれるからである。

(3) イギリス型小売 SCM からの示唆

既述のように，イギリスの食品流通においては，アメリカを中心に発展した ECR という手法が，およそ 1990 年代初めごろから伝わったとされる。ところが，イギリスにおいては，すでに 1980 年代後半からサプライ・チェーンの革新は始まっていた[45]とする指摘さえある。その先駆的な小売業者がテスコ社（Tesco. plc）であった。

すでに 1980 年代初めより物流活動の見直しを徹底したテスコ社は物流機能を集中化させ，1980 年代後半には「複合物流センター」の構築に着手している。これは実際，1980 年代半ばから開発された小売ブランド商品としての調理済み食品（ready meals）の普及に伴い，品質管理の必要性が増大したからであった（詳しくは第 4 章参照）。その後，イギ

リスは，1996年にBSEを経験し，消費者の食に対する関心が高まるなか，テスコ社をはじめとしたチェーン小売業者らは，品質管理の高度化を進めていった。

1990年代後半以降，テスコ社にとっての主要な戦略はコラボレーション（協調関係）の構築にあった。供給業者とのパートナーシップのもっとも重要な問題が，「1つのデポの配送地域のなかでの供給業者からの商品収集計画」であった[46]。テスコ社では，運送業者や供給業者において配送・収集作業において何らかの問題が生じた際に，小売業者が直接関与しないと多くの部分で問題が解決できないことがわかり，それによって協働作業の必要性を認識することになった。そのため，供給業者とパートナーシップを結ぶことによって，コラボレーションを築くことになったのである。

この協調関係にとって重要となったのは，販売促進計画，新製品の開発，電子データの交換，在庫管理であり，さらに物流における単位コストに関する情報の交換であった。共同で作業することによって，より大きな成果をそれに参加する企業が得られ，情報と目的を共有することが，サプライ・チェーンの領域において全体のコストを削減する機会を見出すことにつながったのである[47]。

表補-1は，イギリスの主要な小売業者の物流センターからの食品取扱量の割合を示している。1990年代後半になると，テスコ社だけでなく他社も同様に，およそ90％を超える食品が物流センター経由になっていることがわかる。それまで分散的な物流管理が集中したことを表している。

物流センターを経由することになったことは，それだけ直接配送が減

第 4 節　SCM 最適化に関する若干の考察　163

表補-1　イギリスにおける物流センターからの食品取扱量の割合

(単位：%)

	1988 年	1990 年	1992 年	1994 年	1996 年	1998 年
テスコ社	70	90	95	96	96	97
セインズベリ社	80	90	95	96	95	92
セーフウェイ社	80	90	97	95	95	98
アズダ社	20	80	83	—	85	93
協同組合	40-60	80	95	95	95	95

〔出所〕　IGD. *Retail Logistics*, IGD Business Publication, 1999, p 26 より一部引用。

少したということだが，グローサー誌によれば，実際に 1970 年代に 75% であった直接配送の比率が，1995 年には 10% に減少したという記録がある。そのことにより，リードタイムに関しては，14 日 (1970 年代) から 3 日 (1995 年) に短くなり，店舗とデポにおける在庫時間は 4 週間 (1970 年代) から 1 週間 (1995 年) に短縮されたのであるが，しかし，製品ラインは，2,000 (1970 年代) から 10,000 (1995 年) に増大している。その結果，サプライ・チェーンの側のコスト管理に影響を及ぼし，「トータル供給コストのもっとも低い水準[48]」がもたらされた。このことにより，小売業者がサプライ・チェーンを最高水準で管理することができ，サプライ・チェーンは高水準のパフォーマンスがチェーン全体で達成できている。とりわけ 1990 年代後半は，供給業者とのサプライ・チェーンの構築により，物流のいっそうの効率化を図った時期であった。

また表補-2 は，イギリスにおけるロジスティクスの変遷を表している。1950 年代，物流管理は製造業者の役目であったが，小売業者にとっては過剰供給が蔓延することとなり，窮屈な在庫管理を強いられてい

た。

ところが，1970年代ごろからチェーン小売業の大規模化が進み，1959年にクイック・セーブ（Kwik Save），1962年にはローコスト（Lo-cost）というディスカウント業態の外国資本がそれぞれイギリス市場に参入し，大量流通・販売が加速した。いわば，価格競争が激しくなった時期であった。当然のことながら，イギリス資本のテスコ社やセインズベリ社も価格競争に影響を受けることとなり，さらには物流量の拡大により，結果的に，地域物流センターで対応せざるを得なかった。

その後，1980年代になると主要な小売業者は，自らが管理できない部分を徹底的にアウトソーシングし，さらには，品質管理の重要性も高まり，複合型物流センターへの移行を行ない，全体効率の向上に努めたのである。

イギリス食品流通から得られる示唆は，以下の2点にあると思われる。

表補-2　イギリスにおけるロジスティクスの変遷

年代	1950年代	1960～70年代	1980～90年代
主な傾向	輸送	物流	ロジスティクス
主なコントロール主体	製造業者	小売業者/製造業者	小売業者
主な運営主体	製造業者	製造業者/小売業者/請負業者	請負業者
主な在庫管理方法	小売店舗内などに分散	地域物流センター(Regional distribution centres)	複合物流センター(Composite distribution centre)

〔出典〕 Sparks. L., "Delivering quality the role of logistics in the post-war transformation of British food retailing," in *Adding Value Brands and Marketing in Food and Drink*, ed., Geoffrey, J. and Nieholas J.M., London, Routledge, 1994, p.320, Table 5.1 を修正・加筆。

第4節　SCM最適化に関する若干の考察　165

　第1に，表補-2にみられるイギリスのロジスティクスの変遷は，既述した日本が高度経済成長から現代に至って経験してきた傾向と類似しているように思われる。問題は，モノの流れを，だれが，どのようにコントロールしていくかが重要であり，すでに製造業者がその舵を取る段階ではなくなっている。小売業者による最大の効果を得られる方向性は，直接配送を減らし，物流センターへ集めることにより，クイック・レスポンスなピッキングと荷積み，それによって正確な管理が可能となる。直接配送がなくならないのは，地理的な条件などの影響があるためであるが，管理を高度化させるためにも，できる限りの集中化を展開する必要がある。これはすでに日本の一部の大規模小売業では展開されている点であろう。

　第2に，既述したように，日本の大規模小売業者らが取り組む小売ブランド商品に関連し，品揃えにおける小売ブランド商品の比率がますます高まっていくことが予想される。実際に，コンビニや専門店大手が小売ブランド商品の比率を高め，粗利益率の上昇が続いている[49]。消費者の低価格志向が依然として強く作用し，売上げを伸ばしているものと考えられる。すなわち，一般のメーカー商品に比べて安価であるという認識のもとで，販売を伸ばしているのも事実である。

　しかしこのことは，イギリスにおいてもすでに経験していることであるが，1970年代後半にテスコ社などが低価格競争を激化させた結果，「小売ブランド商品＝安価な商品」として位置づけられていた。それを脱するため，1980年代から品質管理，物流管理など，あらゆる面で小売ブランド商品の高品質志向への方向転換を行なったのであった。その結果，1997年には売上高に占める小売ブランド商品のうち，調理済み

食品は小売業全体で85.5%に達し，合わせて消費者の支持を得られたのである（詳しくは第4章参照）。

したがって，すでにセブン-イレブンなどは取り組んでいるが，必ずしも低価格の小売ブランド商品に限定する必要はない。イギリスの大規模小売業がすでに経験したように，品揃えにおいて低価格な商品をメインにおき，小売ブランド商品を構成するだけでは限界があり，今後は，高品質・高付加価値型の小売ブランド商品，具体的には，簡便性とともに，健康志向で安全な商品を積極的に投入し，品揃えのバランスを高めていく必要があるものと思われる。

第5節　日本における小売主導型SCMの可能性
—結びにかえて—

およそ2000年ごろより，大店立地法にみられる規制法の緩和が影響し，欧米から日本へ巨大な流通外資の参入が相次いだが，当初の予想よりも慎重な動向をみせている。2000年にカルフール社（Carrefour, 仏），2002年にウォルマート社（Wal-Mart, 米），2003年にはテスコ社がそれぞれ参入したが，2005年3月にカルフール社が日本撤退を表明したのは記憶に新しい。

興味深いのは，ウォルマート社は買収対象であった「西友」の株式を段階的に購入することによって参入し，テスコ社の場合は「つるかめランド」という中堅スーパーを徐々に買収して参入している[50]。これらとは異なり，カルフール社の場合，日本にある既存小売業を買収せず，

自国で展開する業態を日本各地で新しく展開したのである。

その失敗の教訓は，取引業者との関係性の欠如という，日本型流通システムの特性が影響したものと考えてよい。それは地理的な条件の違いであったり，消費者行動の違いであったり，文化の違いであったりと，当然ながら国によって違いは多分にある。とりわけ食品小売業は，地域密着型経営が基本であり，ローカルな存在である。近年，外国からの輸入品が多く取り扱われているとしても，消費者起点が町に根ざす小売店舗からスタートすることに変わりはない。小売店舗は人々の日々の生活を担う主体として，また，町のコミュニケーションの媒体としてわれわれの生活に存在しているのである。日本における小売主導型SCMの有用性をコンビニエンス・ストア業態の仕組みに求めたのは，まさにこのような消費者起点に立脚したからである。

ただし，食品小売業そのものが地域密着であるため，商品調達も小規模，分散でローカルな形態が多くを占めているのも事実である。問題は，「調達」と「販売」のパイプラインをどういった形でつないでいくのかということと，それをベースにいかに「品質」と「価格」のバランスを保ちつつ，メーカーにしろ，小売業にしろ，商品開発をしていくのかにある。そのためにはサプライヤーやメーカーは小売業者との協調関係をもとに，より長期的で対等なWin-Win関係の構築を目指していく必要がある。それは多様化・個別化する消費者の購買行動が，ますます利便性や簡便性，そして安全性を求める傾向にあることからも推察されよう。現代の流通システムは，「成熟化する消費の側から大きな転換を迫られている[51]」のである。

本書は日本におけるSCMの有用性を検討するため，これまでの研究

から示唆を得ながら小売主導型のSCMを提示した。しかし，一概にイギリスの例から日本への適用を考慮することには，多くの課題が残されているのも事実である。具体的な事例の検討もなされなければならないが，これらは今後の課題である。

（注）
（1）崔容熏，藤岡章子（2006）「サプライ・チェーン戦略最適化のための選択フレームワーク：製品仕様の柔軟性に焦点をあてて」『龍谷大学経営学論集』第46巻，第1号，13ページ。
（2）松浦春樹，島津誠監訳（2004）『サプライチェーン・ロジスティクス』朝倉書店，3ページ。
（3）同上書，26ページ。
（4）加藤司（2006）『日本的流通システムの動態』千倉書房，88ページ。
（5）山口重克，福田豊，佐久間英俊編（2005）『ITによる流通変容の理論と現状』御茶ノ水書房，6ページ。
（6）金度渕（2001）「小売ロジスティクスの本質―イギリス食品小売業における小売ロジスティクスの発展」中央大学『大学院研究年報　商学研究科篇』第31号，302ページ。
（7）三村優美子（2004）「消費財流通変化とサプライチェーン・マネジメント」黒田充編著『サプライチェーン・マネジメント―企業間連携の理論と実際』朝倉書店，31ページ。
（8）斎藤実，矢野裕児，林克彦（2003）『現代企業のロジスティクス』中央経済社，20ページ。
（9）日本経済新聞，2008年9月27日付。
（10）「セブン-イレブン・ジャパン〔SCM〕―大手飲料メーカー6社と共同デポを展開　垂直統合を進めて物流コスト削減を図る」『月刊ロジスティクス・ビジネス』第8巻，第3号（2009年3月），44～47ページ。
（11）山下洋史，諸上茂登，村田潔（2003）『グローバルSCM』有斐閣，42ページ。

(12) 矢作敏行，小川孔輔，吉田健二（1993）『生・販統合マーケティング・システム』白桃書房，68ページ。
(13) 同上書，69ページ。
(14) 同上書，72ページ。
(15) 加藤義忠監修（2006）『現代流通事典』白桃書房，162ページ。
(16) ただしここでは，情報化の進展がSCMの主体間での情報の不確実性を解決してくれるというような見方ではない。木立真直氏は，「情報化の進展がただちに情報の不完全性を解消し，協力的調整機構の領域を拡大させるとはいえない（木立真直「ITによる流通システムの転換をめぐる展望」阿部真也，藤澤史郎，江上哲，宮崎昭，宇野史郎編著（2003）『流通経済から見る現代─消費生活者本位の流通機構─』ミネルヴァ書房，220ページ）」と主張され，そのネットワーク（SCM）に参加する主体の性格が問われなければならない点を強調されている。これについては，すでに佐久間英俊氏が，「実体としての技術の発展とその利用の社会的形態を区別している（山口重克，福田　豊，佐久間英俊編（2005），前掲書，78ページ）」点を評価されており，賛同できる。ここではあくまでも情報化の進展が，企業間のSCM形成の原動力として作用している点を指摘している点にとどめているが，これらの点は留意すべきである。
(17) 加藤義忠監修（2006），前掲書，165ページ。
(18) 同上書，164ページ。
(19) 加藤司（2006），前掲書，28ページ。
(20) 山下洋史，諸上茂登，村田潔（2003），前掲書，23ページ。
(21) 同上書，22ページ。
(22) 同上書，7ページ。
(23) 同上書，126ページ。
(24) 辰馬信男監訳（2008）『ロジスティクスと小売経営─イギリス小売業のサプライ・チェーン・マネジメント』白桃書房，247ページ。
(25) 加藤司（2006），前掲書，28ページ。
(26) 木立真直（2006a）「小売主導型流通システムの進化と展開方向─戦後食品流通の展開過程と小売革新を踏まえて」，木立真直，辰馬信男編著『流通の理論・歴史・現状分析』中央大学出版部，133ページ。
(27) 加藤司（2006），前掲書，72ページ。
(28) 加藤義忠監修（2006），前掲書，94ページ。

(29) 辰馬信男監訳 (2008), 前掲書, 33 ページ。
(30) 三村優美子 (2004), 前掲書, 39 ページ。
(31) 辰馬信男監訳 (2008), 前掲書, 247 ページ。
(32) 木立真直 (2006b)「小売主導型食品サプライチェーンの展開方向と課題 (特集 フードシステムと日本の食事情)」『経済セミナー』第 619 号, 23 ページ。
(33) 尾崎久仁博 (1998)『流通パートナーシップ論』中央経済社, 215～216 ページ。
(34) 同上書, 216 ページ。
(35) 斎藤実, 矢野裕児, 林克彦 (2003), 前掲書, 71 ページ。
(36) 加藤司 (2006), 前掲書, 55 ページ。
(37) 木立真直 (2006a), 前掲書, 134 ページ。
(38) 同上書, 138 ページ。
(39) 加藤司 (2006), 前掲書, 91 ページ。
(40) 同上書, 91 ページ。
(41) 同上書, 106 ページ。
(42) テスコ社のアニュアルレポート (アクセス：2012.3.29) より。詳しくは以下のアドレスを参照されたい。
 (http://www.tescoplc.com/media/417/tesco_annual_report_2011_final.pdf)
(43) 木立真直 (2006a), 前掲書, 135 ページ。
(44) 日本経済新聞, 2010 年 11 月 30 日付。
(45) IGD (1999), *Retail Logistics*, IGD Business Publication, p. 3.
(46) Smith, D. (1999) "Logistics in Tesco : past, present and future," in *Logistics and Retail Management*, Fernie, J. and Sparks, L. (ed.), Kogan Page (UK), p. 173. (辰馬信男監訳 (2008)『ロジスティクスと小売経営―イギリス小売業のサプライ・チェーン・マネジメント』白桃書房, 202 ページ。)
(47) *Ibid.*, pp. 174～175. (邦訳, 203～204 ページ。)
(48) *The Grocer*, 4, February, 1995, p. 51.
(49) 日本経済新聞, 2011 年 3 月 3 日付。
(50) テスコ社は 2011 年 9 月, 日本からの撤退を表明している (日本経済新聞, 2011 年 9 月 1 日付)。
(51) 木立真直 (2006a), 前掲書, 166 ページ。

参考文献

―英語文献―

1. Attanasio, O. P. and Weber, G. (1994) "The UK consumption boom of the late 1980s : aggregate implications of microeconomic evidence," in *The Economic Journal*, No. 104 (November), pp. 1269-1302.
2. Beardsell, M. L. and Dale, B. G. (1999) "The relevance of total quality management in the food supply and Distribution industry : a study," in *British Food Journal*, Vol. 101 (3), pp. 190-200.
3. Bowersox, D. J. (1992) *Logistics Excellence*, Digital Press.
4. Burt, S. (2000) "The strategic role of retail brands in British grocery retailing," in *European Journal of Marketing*, Vol. 34 (8), pp. 875-890.
5. Burt, S. and Davis, S. (1999) "Follow my leader? Lookalike retailer brands in non-manufacturer-dominated product markets in the UK," in *International Review of Retail Distribution and Consumer Research*, Vol. 9 (2), pp. 163-185.
6. Burt, S., Davies, K., Marks, T. and Sparks, L. (1986) *Takeovers and Diversification within Retailing* (*Working paper 8604*), Institute for Retail Studies seminar series (University of Stirling).
7. Burt, S. and Sparks, L. (1999) "Structural change in grocery retailing in Great Britain : a discount reorientation? ," in *Post 1945 : retail revolutions-The retailing industry* (*Tauris industrial histories*) *Volume. 3*, ed., Benson, J. and Shaw, G., St Martin's press, GB, pp. 93-113.
8. Cheng, S., Olsen, W., Southerton, D. and Warde, A. (2007) "The changing practice of eating : evidence from UK time diaries, 1975 and 2000," in *The British Journal of Sociology*, Vol. 58 (1), pp. 39-61.
9. Christopher, M. (1998) *Logistics and Supply Chain Management : Strategies for Reducing Cost and Improving Service* (*second edition*), Financial Times Pitman Publishing, London. (邦訳　田中浩二監訳 (2000) 『ロジスティクス・マネジメント戦略　e-ビジネスのためのサプライチェーン構築手法』株式会社ピアソ

ン・エデュケーション。)
10. Collins, A. and Burt, S. (2003) "Market sanctions, monitoring and vertical coordination within retailer-manufacturer relationships : The case of retail brand suppliers," in *European Journal of Marketing*, Vol. 37 (5/6), pp. 668-689.
11. Cooper, J.ed. (1994) *Logistics and Distribution Planning : Strategy for Management (second edition)*, Kogan Page Ltd.
12. Cooper, J., Browne, M. and Peters, M. (1994) *European logistics : markets, management and strategy (second edition)*, Blackwell Business.
13. Cox, H., Mowati, S. and Prevezer, M. (2003) "New product development and product supply within a network setting : The chilled ready-meal industry in the UK," in *Industry and Innovation*, Vol. 10 (2), pp. 197-217.
14. Davies, B. J. and Ward, P. (2002) *Managing Retail Consumption*, John Wiley & Sons Ltd.
15. Davies, D. and Carr, A. (1998) *When it's time to make a choice : 50years of frozen food in Britain*, The British Frozen Food Federation.
16. Dawson, J. A. (1982) *Commercial Distribution in Europe*, Croom Helm, London. (邦訳　前田重朗監訳 (1984)『変貌するヨーロッパの流通』中央大学出版部)
17. Fernie, J. ed. (1989) "Contract Distribution in Multiple Retailing," in *International Journal of Physical Distribution & Materials Management*, Vol. 19 (7), pp. 2-35.
18. Fernie, J. ed. (1990) *Retail Distribution Management : a strategic guide to developments and trends*, Kogan Page (UK).
19. Fernie, J. (1997) "Retail change and Retail Logistics in the United Kingdom : Past Trends and Future Prospects," in *The Service Industries Journal*, Vol. 17 (3), pp. 383-396.
20. Fernie, J. (1998) "The breaking of the fourth wave : recent out-of-town retail developments in Britain," in *International Review of Retail Distribution and Consumer Research*, Vol. 8 (3), pp. 303-317.
21. Fernie, J. (1999) "Outsourcing distribution in UK retailing," in *Journal of Business Logistics*, Vol. 20 (2), pp. 83-95.
22. Fernie, J. and Sparks, L. (1999) (ed.), *Logistics and Retail Management*, Kogan

Page (UK). (邦訳　辰馬信男監訳 (2008) 『ロジスティクスと小売経営―イギリス小売業のサプライ・チェーン・マネジメント』白桃書房。)
23. Geroski, P. and Vlassopoulos, T. (1991) "The rise and fall of a market leader : Frozen foods in the UK," in *Strategic Management Journal*, Vol. 12 (6), pp. 467-478.
24. Glyn, A. (1989) "The Macro-anatomy of the Thatcher years," in *The Restructuring of the UK Economy*, ed., Green, F., Harvester Wheatsheaf, London, pp. 65-79.
25. Godley, A. (2002) "What was new in the 1980s? International retailing in Britain from 1850-1991," in *International Review of Retail Distribution and Consumer Research*, Vol. 12 (1), pp. 29-37.
26. Grant, R. M. (2003) "Birds eye and UK frozen food industry," in *Cases in Contemporary Strategy Analysis : third edition*, ed., Grant, R. M. and Neupert, K. E., Wiley Blackwell, pp. 243-255.
27. Guy, C. M. (1994) *The Retail Development Process-Location, Property and Planning*, Routledge.
28. Hamilton, S. (2003) "The Economies and Conveniences of Modern-Day Living : Frozen Foods and Mass Marketing, 1945-1965," in *The Business History Review*, Vol. 77 (1), pp. 33-60.
29. Harvey, M. (2000) "Innovation and competition in UK supermarkets," in *Supply Chain Management : An International Journal*, Vol. 5 (1), pp. 15-21.
30. Harris, L. C. and Ogbonna, E. (2001) "Competitive advantage in the UK food retailing sector : past, present and future," in *Journal of Retailing and Consumer Services*, Vol. 8 (3), pp. 157-173.
31. Javier, O., Natalia, R. and Maria, J. Y. (2006) "Relationships of Retail Brand Manufacturers with Retailers," in *International Review of Retail, Distribution and Consumer Research*, Vol. 16 (2), pp. 257-275.
32. Kervenoael, R., Hallsworth, A. and Clarke, I. (2006) "Macro-level change and micro level effects : A twenty-year perspective on changing grocery shopping behaviour in Britain," in *Journal of Retailing and Consumer Services*, Vol. 13 (6), pp. 381-392.
33. Laaksonen, H. and Reynolds, J. (1994) "Own brands in food retailing across

Europe," in *The Journal of Brand Management : an international journal*, Vol. 2 (1), pp. 37-46.
34. McGoldrick, P. J. (1984) "Grocery generics : An extension of the private label concept," in *European Journal of Marketing*, Vol. 18 (1), pp. 5-24.
35. McKinnon, A. C. (1985) "The distribution systems of supermarket chains," in *The Service Industries Journal*, Vol. 5 (2), pp. 226-238.
36. McKinnon, A. C. (1990) "Electronic data interchange in the retail supply chain," in *International Journal of Retail and Distribution Management*, Vol. 18 (2), pp. 39-42.
37. McKinnon, A. C. (Nov., 1996) "The development of retail logistics in the UK : a position paper," in *UK Technology Foresight Programme Retail and Distribution Panel*, School of Management (Heriot Watt University).
38. Morelli, C. (2004) "Explaining the growth of British multiple retailing during the golden age : 1976-94," in *Environment and Planning A*, Vol. 36, pp. 667-684.
39. Mutch, A. (2006) *Strategic and Organizational Change : From production to retailing in UK brewing 1950-1990*, Routledge.
40. Omar, O. E. (1995) "Retail influence on food technology and innovation," in *International Journal of Retail & Distribution Management*, Vol. 23 (3), pp. 11-16.
41. Powell, D. (1991) *Counter Revolution : The TESCO Story*, GraftonBooks, London.
42. Ritson, C. and Hutchins, R. (1991) "The Consumption Revolution," in *Fifty Years of the National Food Survey 1940-1990*, ed., Slater, J. M., HMSO, pp. 35-46.
43. Saunders, J. and Saker, J. (1994) "The Changing Consumer in the UK," in *International Journal of Research in Marketing*, Vol. 11, pp. 477-489.
44. Senker, J. (1989) "Food retailing, technology and its relation to competitive strategy," in *Technology Strategy and the Firm*, ed., Dodgson, M., Longman, London, pp. 134-144.
45. Shiu, E., Dawson, J. A. and Marshall, D. W. (2004) "Segmenting the convenience and health trends in the British food market," in *British Food Journal*, Vol. 106 (2), pp. 106-127.

46. Simmons, M. and Meredith, B. (1984) "Own label profile and purpose," in *Journal of the Market Research Society*, Vol. 26 (1), pp. 3-27.
47. Smith, A. P., Young, J. A. and Gibson, J. (1999) "How now, mad-cow? Consumer confidence and source credibility during the 1996 BSE scare," in *European Journal of Marketing*, Vol. 33 (11/12), pp. 1107-1122.
48. Smith, D. and Sparks, L. (1993) "The Transformation of Physical Distribution in Retailing: the Example of Tesco plc," in *International Review of Retail Distribution and Consumer Research*, Vol. 3 (1), pp. 35-64.
49. Sparks, L. (1994) "Delivering quality: the role of logistics in the post-war transformation of British food retailing," in *Adding Value : Brands and Marketing in Food and Drink*, ed., Geoffrey, J. and Nicholas J. M., London, Routledge, pp. 310-335.
50. William Reed, *The Grocer*, UK. 〔1985 (June, 15/August, 17/August, 31), 1993 (December, 11), 1994 (March, 5/April, 16/April, 23/May, 7)〕
51. Wrigley, N. (1993) "Retail concentration and the internationalization of British grocery retailing," in *Retail change : contemporary issues*, ed., Bromley, R. D. F. and Thomas, C. J., UCL Press, London, pp. 41-68.
52. Wrigley, N. (1998) "How British retailers have shaped food choice," in *The Nation's Diet : The social science of food choice*, ed., Murcott, A., Longman, London, pp. 112-128.
53. Wrigley, N. (2002) "'Food Deserts' in British Cities: Policy Context and Research Priorities" in *Urban Studies*, Vol. 39 (11), pp. 2029-2040.
54. Wrigley, N. and Lowe, M. (2002) *Reading Retail ~ A geographical perspective on retailing and consumption spaces*, Arnold, London.

―英文統計―

1. Central Statistical Office, *Annual Abstract of Statistics* (No. 120~134), London, HMSO.
2. Central Statistical Office, *Economic Trends* (No. 363~490), London, HMSO.
3. Central Statistical Office, *Family Spending : a report on the family expenditure survey* (No. 1990~1999-2000), London, HMSO.
4. Central Statistical Office, *United Kingdom national accounts* (No. 1984~1997),

London, HMSO.
5. Central Statistical Office, *Social trends*（No. 9～30），London, HMSO.
6. Department of Employment, *British labour statistics year book*（No. 1971～1976），London, HMSO.
7. Department of Employment, *Employment gazette*（No. 88～103），London, HMSO.
8. Euro monitor（1989）*UK Consumer Spending : Trends and Forecasts to 1996*, GB.
9. Euro monitor（1987）*Grocery Distribution in Western Europe ; 1987 report*, GB.
10. Institute for Retail Studies（1988, 1992, 1996）*Distributive trades profile : A statistical digest*, London.
11. Institute of Grocery Distribution（IGD, 1999），*Retail Logistics*, Watford, UK.
12. Ministry of Labour, *Family Expenditure Survey*（No. 1982～1989），London, HMSO.
13. Office of Population Censuses and Surveys, *General Household Survey : an inter-departmental survey*（No. 13, 16, 20, 22, 24），London, HMSO.
14. Office of Population Censuses and Surveys, *Living in Britain : results from the General household survey*（No. 1994, 1995, 1998, 2001），London, HMSO.
15. Retail Intelligence（Aug., 2001）*Consumer goods Europe*, No. 465.

―日本語文献―

1. 阿部真也（2009）『情報流通革命―リアルとバーチャルの多元市場』ミネルヴァ書房.
2. アンドリュー・グラハム（2001）「1979-95年のイギリス―保守的資本主義の神話と現実」山田鋭夫訳，コーリン・クラウチ/ウォルフガング・ストリーク『現代の資本主義制度―グローバリズムと多様性』NTT出版，165～187ページ．
3. アンドリュー・ローゼン（2005）『現代イギリス社会史 1950-2000（川北　稔訳）』岩波書店.
4. 伊東　理（1996）「イギリスにおける小売商業の地域政策と小売商業の開発―（I）第2次大戦後から1970年代末まで」『帝塚山大学教養学部紀要』第45

巻，49～62ページ．
5. 伊東　理（1997）「イギリスにおける小売商業の地域政策と小売商業の開発―（II）1980年代の展開」『帝塚山大学教養学部紀要』第49巻，29～54ページ．
6. 今井けい（1988）「イギリスにおける女性と労働―最近の諸研究によせて」『婦人労働問題研究（婦人労働問題研究会編）』988号，65～71ページ．
7. 岩下　弘（2007）『イギリスと日本の流通政策』大月書店．
8. 大石芳裕編（2009）『日本企業のグローバル・マーケティング』白桃書房．
9. 尾崎久仁博（1998）『流通パートナーシップ論』中央経済社．
10. 加藤　司（2006）『日本的流通システムの動態』千倉書房．
11. 加藤義忠監修（2006）『現代流通事典』白桃書房．
12. 唐澤　豊（2000）『現代ロジスティクス概論』NTT出版．
13. 川北　稔（1998）『新版世界各国史11―イギリス史』山川出版社．
14. 木立真直（2001-a）「アメリカ型食生活の広がりと食のグローバル化」，中野一新・杉山道雄編『講座　今日の食料・農業市場（I）グローバリゼーションと国際農業市場』筑波書房，179～196ページ．
15. 木立真直（2001-b）「グローバル時代のマーケティング―イギリスの食品流通からの示唆」『農業と経済』第67巻，第2号，51～59ページ．
16. 木立真直（2006）「小売主導型流通システムの進化と展開方向―戦後食品流通の展開過程と小売革新を踏まえて」，木立真直，辰馬信男編『流通の理論・歴史・現状分析（中央大学企業研究所研究叢書26）』中央大学出版部，133～174ページ．
17. 木立真直（2009）「小売主導型食品流通の進化とサプライチェーンの現段階」『フードシステム研究』第16巻，第2号，31～44ページ．
18. 木立真直（2010）「フードデザート問題と地域再生の展望」『生活協同組合研究』416号，5～13ページ．
19. 金　度渕（2001）「小売ロジスティクスの本質―イギリス食品小売業における小売ロジスティクスの発展」，中央大学『大学院研究年報（商学研究科篇）』第31号，301～317ページ．
20. 金　度渕（2002）「1980年代のイギリスにおける小売業の発展とその背景としての消費の変化―消費された食品の推移を中心に」，中央大学『大学院研究年報（商学研究科篇）』第32号，159～172ページ．

21. 金　度渕（2003a）「イギリスにおける 1980 年代の小売業と消費の関係―その方法論的可能性」『論究（中央大学大学院経済学・商学研究科篇）』第 35 巻，第 1 号，143～155 ページ．
22. 金　度渕（2003b）「1980 年代イギリスにおける食料消費と女性の就業化との関連性についての一考察（研究ノート）」，中央大学『大学院研究年報（商学研究科篇）』第 33 号，271～282 ページ．
23. 金　度渕（2008a）「書評―岩下弘著『イギリスと日本の流通政策』」『流通（日本流通学会）』第 22 号，64～69 ページ．
24. 金　度渕（2008b）「1980 年代から 1990 年代のイギリス食料消費構造の変容―世帯規模の変容と女性労働力率の上昇による影響を中心に」『流通（日本流通学会）』第 23 号，17～26 ページ．
25. 金　度渕（2009）「1980 年代から 1990 年代にかけてのイギリス食料消費の変容要因に関する一考察―小売ロジスティクス，および小売ブランド商品戦略の転換を中心に」，斯波照雄編著『商業と市場・都市の歴史的変遷と現状（中央大学企業研究叢書 29）』中央大学出版部，121～138 ページ．
26. 金　度渕（2010）「イギリスにおける小売ブランド商品戦略の変化がおよぼした食料消費への影響―1980 年代から 1990 年代半ばにかけての調理済み食品の開発を中心に」『流通（日本流通学会）』第 27 号，1～12 ページ．
27. 金　度渕（2011）「日本型流通システムにおける小売主導型 SCM の可能性―イギリス型小売 SCM からの若干の示唆」『大阪商業大学論集』第 161 号，109～125 ページ．
28. 黒田　充編著（2004）『サプライチェーン・マネジメント―企業間連携の理論と実際』朝倉書店．
29. 近藤哲夫他著（1998）「英国スーパーマーケットの金融サービス業への進出」野村総合研究所証券調査部『財界観測』第 63 巻，第 9 号，32～65 ページ．
30. 斎藤　実，矢野裕児，林　克彦（2003）『現代企業のロジスティクス』中央経済社．
31. 斉藤美彦（1994）『リーテイル・バンキング―イギリスの経験』時潮社．
32. 櫻井幸男（2002）『現代イギリス経済と労働市場の変容―サッチャーからブレアへ』青木書店．
33. 塩見英治他編著（1998）『現代物流システム論』中央経済社．
34. 陶山計介他著（2008）「PB ロイヤルティ構造の日英米比較（第 58 回［日本商

業学会〕全国大会—流通セッション）」『流通研究』第 11 巻，第 2 号，55～69 ページ．
35. 辻　悟一 (1991)「1980 年代のイギリス経済：脱工業化と南北格差の拡大」『経済学雑誌』第 92 巻，第 2 号，1～22 ページ．
36. 土屋　純 (2002)「イギリスにおける小売チェーンの発展とコスト構造に関する研究動向」，人文地理学会『人文地理』第 54 巻，第 1 号，40～55 ページ．
37. 時子山ひろみ (2006)「フードシステムからみた食生活の変化」『経済セミナー』619 号，12～16 ページ．
38. 中村　実 (1998)「サプライチェーン・マネジメントとは何か」，SCM 研究会編『サプライチェーン・マネジメントがわかる本』日本能率協会マネジメントセンター，12～39 ページ．
39. 中村靖志 (1999)『現代のイギリス経済』九州大学出版会．
40. 西村閑也 (1990)「サッチャー政権下の英国経済」日本証券経済研究所『証券研究』第 91 巻，1～39 ページ．
41. 西村多嘉子 (1995)「現代消費生活の意識と実態」，柏尾昌哉『現代流通論 (3) 現代社会と消費者問題』大月書店，53～90 ページ．
42. 西村多嘉子 (2008)『消費生活を考える』法律文化社．
43. 根本重之 (1995)『プライベート・ブランド：NB と PB の競争戦略』中央経済社．
44. 番場博之 (2004)「イギリスにおける小売業の上位集中化傾向の進展」『千葉商大論叢』第 42 巻，第 1 号，1～17 ページ．
45. 布施晶子 (1989)「イギリスの家族—サッチャー政権下の動向を中心に」『現代社会学研究』第 2 号，96～121 ページ．
46. 風呂　勉 (2009)『第二次大戦—日米英流通史序説』晃洋書房．
47. マーケティング史研究会編 (2008)『ヨーロッパのトップ小売業—その史的展開』同文舘出版．
48. 前田重朗 (1998)「イギリスにおける都市計画と小売開発：1993 年，96 年の PPG6 改定を中心に」『季刊経済研究』第 21 巻，第 3 号，61～76 ページ．
49. 松浦春樹，島津誠監訳 (2004)『サプライチェーン・ロジスティクス』朝倉書店．
50. 真部和義 (1997)「1980 年代以降におけるイギリスの小売商業の構造的変化」『流通（日本流通学会）』第 10 号，76～90 ページ．

51. 三富紀敬（1990）「イギリスにおけるパートタイム問題の史的展開」『静岡大学法経研究』第39巻，第2号，155～227ページ。
52. 南方建明（2009）「イギリスにおけるタウンセンターマネジメントと小売開発規制」『大阪商業大学論集』第5巻，第1号，113～126ページ。
53. 矢作敏行編著（2000）『欧州の小売りイノベーション』白桃書房。
54. 矢作敏行，小川孔輔，吉田健二（1993）『生・販統合マーケティング・システム』白桃書房。
55. 山口重克，福田豊，佐久間英俊編（2005）『ITによる流通変容の理論と現状』御茶ノ水書房。
56. 山下洋史，諸上茂登，村田潔（2003）『グローバルSCM』有斐閣。
57. 湯沢威編（1996）『イギリス経済史―盛衰のプロセス』有斐閣。
58. 横森豊雄（1992）「イギリスの小売業の発展と大型店規制政策の推移」『専修商学論集』第53号，43～66ページ。

索　引

〈和文事項索引〉

〔あ行〕

アーガイル社……………………83
アウトソーシング………………102
アウトレット業態………………91
アライド・サプライヤー社……83
アルディ社………………………84
安全・安心………………………139

e-リテイリング…………………80
家での食事………………………75
イギリスの食品メーカー………4
イケア……………………………32
一括物流…………………………157
イメージ…………………………126
衣料品ファッション……………18
インスタント食品……………18,21
インターナショナル・ストアーズ社……83
インターナショナル社…………117
インフレーション………………19

ヴァーディクト…………………122
ウイリアム・モリソンズ社……84
ウイリアム・ロー社……………84
Win-Win関係……………………142
ウェアハウス・クラブ…………91
ウォルマート社………………84,153
売場スペース……………………100

営業利益…………………………100
エールズベリー…………………89
延期―投機理論…………………147
延期重視…………………………148

オイル類…………………………23
黄金時代………………………4,81
大型冷蔵庫………………………120
大手食品メーカー………………109

オープン・ミール………………119
温度帯管理………………………98

〔か行〕

外国食品…………………………59
買回り品…………………………89
買物行動………………………17,18,40
価格………………………………22
価格競争…………………………95
価格決定権………………………116
価格の差別化……………………111
価格の変動………………………24
家禽肉……………………………58
格差問題…………………………28
過剰供給…………………………165
家事労働（時間）………………74
家族形態…………………………65
片親世帯…………………………62
価値………………………………122
合併・買収………………………83
貨幣支出…………………………19
カルフール社…………………117,153
感受性……………………………32
缶詰食品…………………………21
簡便食品…………………………3
簡便性……………………………110

既婚女性…………………………68
技術開発…………………………100
技術革新…………………………123
規制緩和…………………………40
規定性………………………5,138,140
急速冷凍機………………………110
牛乳………………………………23
供給業者…………………………124
供給サイド………………16,133,134,136,138
競争委員会………………………41
競争形態…………………………143

競争政策···41
競争優位···108
協調関係··94, 162
共通農業政策·····································22, 95

クイック・セーブ社·······························84
クイック・レスポンス·························167
グローバリゼーション···························92

経営管理手法···142
計画政策ガイダンス·······························40
景気後退···89
ケータリング···53
ケロッグ社···110
健康志向食品···24
健康的な食事···126
健康問題···31
現代の食生活様式·································5

郊外型ショッピングセンター···········86
高価格帯···120
高級化市場······································84, 96
購買行動···41
高品質訴求···117
高付加価値型···123
後方支援···91
小売開発···89
小売革命···93
小売業トップ5·····································81
小売市場の寡占化·······························136
小売市場の飽和化·································89
小売主導···153
小売消費···41
小売ブランド商品·······························107
小売ロジスティクス·······························94
コーディネート·····································139
ゴールドマン・サックス社···············109
小切手社会···56
顧客の囲い込み·····································127
個人貯蓄率···55
コスト管理···141
個別急速冷凍技術·······························110
コミュニケーション·····························167

コラボレーション·································162
コンビニエンス・ストア···················146

〔さ行〕

サード・パーティー・ロジスティクス·145
サービス業···28
在庫水準···99
再販売価格維持制度·····························114
魚の缶詰···59
サッチャー政権·····································28
サブ・ブランド·····································123
サブプライム・ローン問題···············139
サプライ・チェーン・マネジメント······93
サプライヤー···145
サラ・リー社···113

ジェネリック···117
自家用車の普及·····································18
事業活動の総点検·································96
嗜好···17
自社専用のクレジット・カード·······56
市場規制···41
市場原理···83
市場行動···100
市場占有率···80
市場の支配者···150
自然環境問題···31
失業人口···66
JIT方式···99
自動車の購入···53
自動車の普及···18
資本の集積・集中·································4
社会的行動···21
社会的使命···160
就業人口···66
住宅購入のブーム·································53
集中化···81
出店戦略···41
上位集中化···107
少子高齢化社会·····································62
消費革命···3
消費構造···17
消費支出···52

消費者環境……………………19, 141
消費者技術の変化……………………18
消費者起点……………………………167
消費者協同組合………………………116
消費者研究……………………………17
消費者行動……………………………17
消費者サイド…………………………16
消費者信用……………………………55
消費者信用債務残高…………………55
消費者の力……………………………18
消費者のニーズ………………………93
消費地点………………………………144
消費の多様化…………………………93
商品の選択肢…………………………136
情報技術……………………………92, 143
情報の共有化…………………………99
上流階級………………………………32
食事形態………………………………74
食事の準備……………………………75
食生活…………………………………58
食生活のあり方………………………5
食生活の簡便化………………………15
食品技術部……………………………125
食品偽装……………………………141, 160
食品購買機会…………………………136
食品小売業……………………………81
食品取扱量……………………………162
食品の安全性…………………………161
食品冷凍技術…………………………110
食料消費に関する研究………………5
食料消費の変化………………………15
女性の高学歴化………………………74
女性の就業化…………………………66
所得水準………………………………52
所得水準の低い人……………………38
シリアル製品…………………………24
シングル（単身）世帯………………62
人口動態………………………………62
新製品投入率…………………………124
信頼……………………………………122

スイス…………………………………81
スウェーデン…………………………81
スーパーストア………………………87
スーパードラッグ……………………32
スーパーマーケット…………………80
スタンプ配布…………………………95
ストア・ロイヤリティ………………126

生活水準………………………………52
生活態度………………………………21
性差別禁止法…………………………72
生産計画………………………………146
生産性…………………………………151
生産段階………………………………138
生産の論理……………………………152
生鮮食品………………………………76
成長神話………………………………145
製販一体………………………………154
製販提携………………………………143
製品管理………………………………123
製品の形状……………………………58
製品ライン……………………………163
政府計画………………………………41
政府の規制……………………………18
制約理論………………………………152
世帯所得………………………………26
世帯タイプ……………………………62
ゼネラル・シーフード社……………109
ゼネラル・フーズ社…………………109
セルフ・サービス方式………………80
全体最適………………………………94
選択的な購買…………………………20
セント・マイケル……………………120
鮮度管理………………………………100
戦略提携………………………………150
戦略転換………………………………117
戦略同盟………………………………124

倉庫型小売業…………………………89
相互連関………………………………44

〔た行〕

大規模小売店舗………………………32
耐久消費財…………………………19, 54
大店立地法……………………………166

耐乏……………………………………22
大量生産体制………………………146
タウンセンター………………………86
脱工業化………………………………28
多店舗展開……………………………87
多品種少量生産……………………146
多頻度小口配送……………………146
単身世帯………………………………62

地域政策・地域計画…………………86
地域密着型経営……………………167
地域流通センター……………………95
チェーン・ストア小売業……………80
チャネル……………………………143
チャネル・リーダー………………153
調達……………………………………92
調理済み食品…………………108,119
調理能力………………………………36
直接調達……………………………160
直接配送………………………………97
貯蓄性向………………………………52
貯蓄率の低下…………………………55
地理的環境……………………………20

通常食…………………………………22

低価格化………………………………95
低価格競争……………………………84
低価格訴求…………………………117
ディスカウント・スーパーマーケット…84
低品質………………………………118
テクニカル・スタッフ……………125
テスコ社………………………………94
テスコ社の幹部会議…………………95
デポ……………………………………98
電子レンジ…………………………120
伝統的な食事…………………………24
店舗開発……………………………100
店舗の郊外化…………………………91
店舗の選択性…………………………39
店舗用地価格…………………………89

同一賃金法……………………………72

統合概念………………………………92
トータルコスト……………………147
独立店………………………………111
都市区域外……………………………89
トップマネジメント………………149
共働き…………………………………72
トラダネット…………………………99
取引の枠……………………………141
問屋無用論…………………………156

〔な行〕

中抜き………………………………143

肉製品…………………………………23
24時間営業……………………………40
日曜営業………………………………40
日本型流通システム………………145
日本撤退……………………………166

ネットー社……………………………84
年末信用残高…………………………57

〔は行〕

バーズ・アイ・ウォールズ社……108
パートタイム労働……………………68
パートナーシップ…………………94,155
バイイング・パワー………………109
廃棄物………………………………100
配給制…………………………………22
配給制度………………………………52
ハイパーマーケット…………………80
パイプライン………………………167
パッケージ…………………………120,122
発注システム…………………………98
パワー・バランス…………………114
万能な業態…………………………159

BBCニュース…………………………36
PB戦略………………………………117
ビザ・カード…………………………55
ビッグ・スリー………………………84
平等立法………………………………74
ヒラーズ社……………………………83

品質管理の高度化·················98, 125
品質検査·················98
品質重視·················117
ヒントンズ社·················83

ファイン・フェア社·················83
フード・デザート問題·················136
フェーズ·················22
複合物流·················98
物価下落·················139
物流管理·················92
物流効率化·················98
物流センター·················97
物流の集中化·················99
部分最適·················161
プラザ合意·················145
フルタイム労働·················67
プレミアム・ブランド商品·················118
プロクター・アンド・ギャンブル社···154
プロモーション（広告）·················32

平均世帯支出額·················53
平均店舗サイズ·················100
兵站学·················91
兵站術·················91
ベーコンとハム·················61

ポイント・プログラム·················56

〔ま行〕

マークス・アンド・スペンサー社······120
マーケティング・リサーチ·················32
マスター・カード·················55
マッケイン社·················113
マルチプル·················80

未婚女性·················68
民営化·················28
ミンテル·················121

メーカー主導·················152
メーカーブランド商品·················108

モーリー·················122
最寄り品小売業·················89

〔や行〕

野菜·················23
安売り·················95

ユニリーバ社·················110

〔ら行〕

ライフ・スタイル·················35

リアルタイム·················148
リード・タイム·················97, 141
離婚率の増大·················64
リテイル・パーク·················89
リテール・サポート·················157
流行·················17
流通業の変化·················20
流通系列化·················143
流通フロー·················147

類似品·················116

冷凍魚·················59
冷凍食品·················21
冷凍食品業界·················111
レトルト食品·················121

ロイヤリティ・カード·················39
ロジスティクス·················91
ロジスティクスマネジメント評議会····144

〔わ行〕

ワン・ストップ・ショッピング·········19

〈英文事項索引〉

Aldi ·· 32, 84
Allied Suppliers ···································· 83
Argyll ··· 83
attitudes ··· 21

BPR ··· 151
BSE ··· 61

CAP ·· 22
Carrefour ·· 153
catering ··· 53
CLM ·· 144
Common Agricultural Policy ············· 22
composite distribution ······················· 98
Consumption Revolution ···················· 3
convenience ···································· 110
convenience food ······························· 3

depot ··· 98

ECR ·· 93, 154
Enterprise Resource Planning ········· 152
Equal Pay Act ··································· 72
ERP ··· 152

fashion ·· 17
Fine Fare ·· 83
food deserts issues ·························· 138
food technology department ············ 125

General Foods ································· 109
General Seafood ······························ 109
golden age ···································· 4, 81
Goldman Sachs ······························· 109

healthy eating ································· 126
Hillards ··· 83
Hintons plc ······································· 83
HMSO ·· 7

IKEA ··· 32
Individually Quick Frozen Technology 110
International Stores ·························· 83

Kellogg ·· 110
Kwik Save ··· 84

logistics ··· 91
lower-spending groups ····················· 38

Marks & Spencer ···························· 120
Master Card ······································ 55
McCain ·· 113
Mintel ·· 121
MORI ·· 122
multiple retailer ································ 80

National Brand ······························· 108
NB ·· 108
Netto ··· 84
NFS ··· 26

operation checkout ···························· 96
oven meals ······································ 119

PPG6 ·· 40
PPS6 ··· 40
premium prices ······························· 120
Procter & Gamble ···························· 154

QR ·· 93, 154
Quick Freeze Machine ···················· 110
Quick Response ······························ 154

RDCs ··· 95, 96
ready meals ···································· 108
retail consumption ···························· 41
retail development ···························· 89
retail logistic ······································ 94

Sara Lee	113	trust	122
SCM	93, 144		
sensitivity	32	Unilever	110
Sex Discrimination Act	72	up-market	84, 120
social behaviour	21		
SPA	154	value	122
St. Micheal	120	Verdict	122
Superdrug	32	VISA Card	55
taste	17	Wal-Mart	84, 153
technical staff	125	warehouse clubs	91
3PL	145	warehouse retail	89
TOC	152	Wm Low	84
town centre	86	Wm Morrisons	84
TRADANET	99		

〈英文人名索引〉

Alderson, W.	147	Hutchins, R.	21, 58
Birdseye, C.	109	Kervenoael, R.	35
Bowersox, D. J.	92		
Bucklin, L. P.	148	McGoldrick, P. J.	117
Burt, S.	58, 84	Morelli, C.	80
Carr, A.	110	Omar, O. E.	125
Christopher, M.	93		
Cooper, J.	94	Ritson, C.	21, 58
Cox, H.	124		
		Saker, J.	27
Davies, D.	110	Saunders, J.	27
Dawson, J. A.	16, 72	Senker, J.	125
		Smith, A. P.	95, 98
Fernie, J.	93	Sparks, L.	58, 84
Geroski, P.	110	Vlassopoulos, T.	110
Glyn, A.	55		
Guy, C. M.	86	Wrigley, N.	5, 115

《著者略歴》

金　度渕（キム　ドゥヨン）

生年　1975 年
学歴　拓殖大学商学部経営学科卒業　1999 年卒業
　　　中央大学大学院商学研究科商学専攻博士課程前期課程　2001 年修了
　　　中央大学大学院商学研究科商学専攻博士課程後期課程　2010 年修了
学位　博士（商学）
主な職歴　千葉商科大学商経学部非常勤講師
　　　　　拓殖大学商学部非常勤講師
　　　　　駒澤大学経営学部非常勤講師
　　　　　大阪商業大学総合経営学部助教
　　　　　大阪商業大学総合経営学部講師（現在に至る）
学会　日本流通学会，日本商業学会，日本消費経済学会，日本商業施設学会，
　　　流通経済研究会，マーケティング史研究会，イギリス流通研究会

《検印省略》

平成 24 年 9 月 10 日　初版発行　　略称：イギリス小売

現代イギリス小売流通の研究
―消費者の世帯構造変化と大規模小売業者の市場行動―

著　者　　ⓒ　金　　度　渕
発行者　　　　中　島　治　久

発行所　**同文舘出版株式会社**
　　　　東京都千代田区神田神保町 1-41 〒101-0051
　　　　電話 営業(03)3294-1801 編集(03)3294-1803
　　　　振替 00100-8-42935　http://www.dobunkan.co.jp

Printed in Japan 2012　　　印刷：三美印刷
　　　　　　　　　　　　　製本：三美印刷

ISBN978-4-495-64541-0